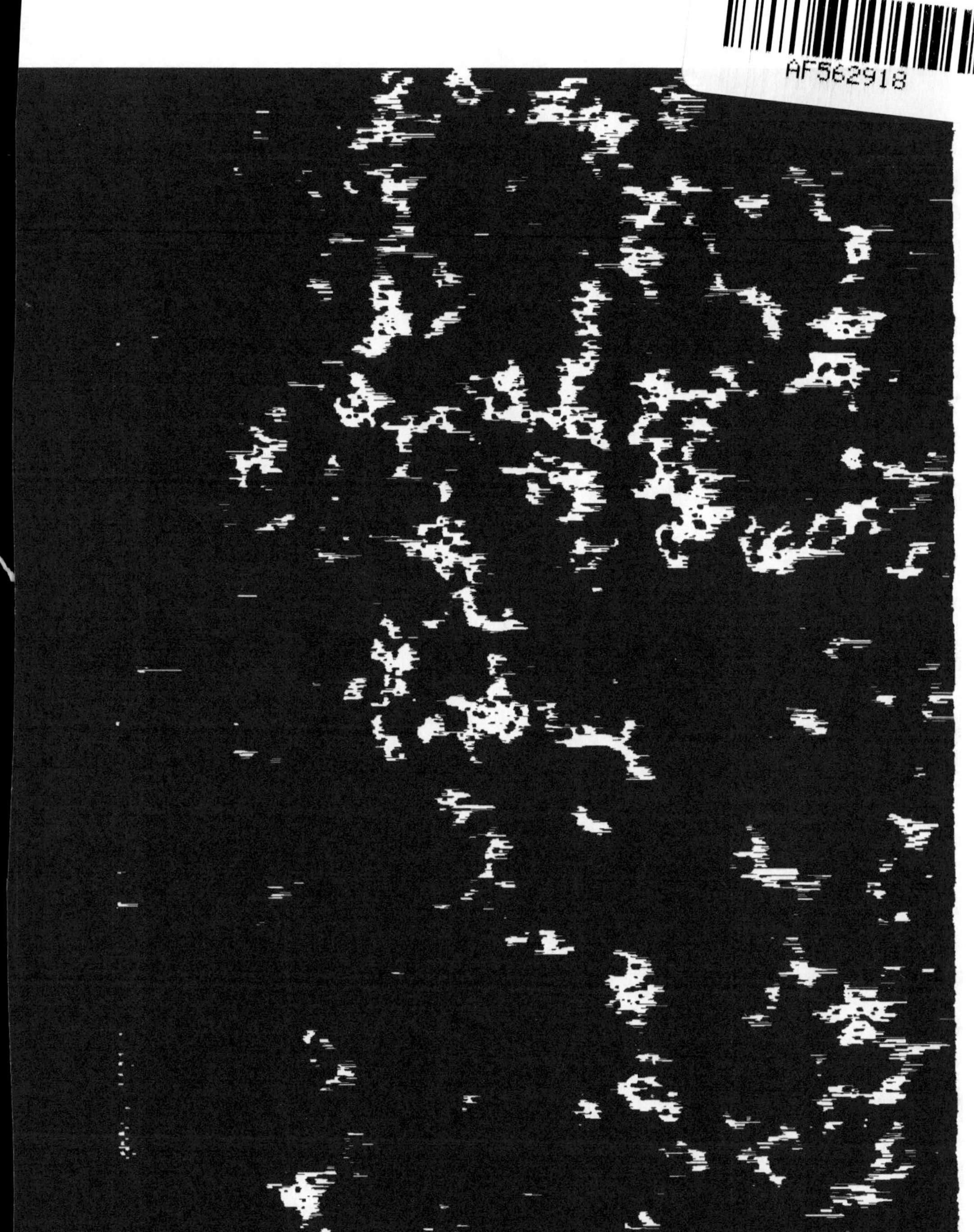

PIBRAC

SA VIE ET SES ÉCRITS

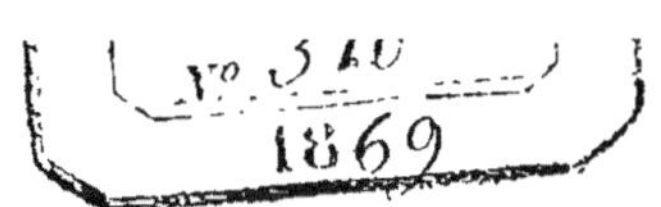

PIBRAC

SA VIE ET SES ÉCRITS

FRAGMENTS

D'UNE

ÉTUDE HISTORIQUE ET LITTÉRAIRE

PAR

M. E. COUGNY

VERSAILLES

IMPRIMERIE DE E. AUBERT

6, Avenue de Sceaux, 6.

1869

PIBRAC

SA VIE ET SES ÉCRITS

FRAGMENTS

D'UNE ÉTUDE HISTORIQUE ET LITTÉRAIRE

I

PIBRAC ET LA REINE DE NAVARRE.

Quand un homme fait profession d'enseigner la morale, c'est-à-dire de tracer aux autres hommes la route de la vertu et de l'honneur, il s'expose à ce que tout d'abord on lui demande s'il a prêché d'exemple, s'il a suivi lui-même le chemin qu'il avait recommandé comme le meilleur. Plus ses leçons ont été sévères, plus sévère est aussi l'enquête dont sa vie est l'objet. Aux uns ses faiblesses, s'il en a eu, causent une maligne joie ; les autres, plus honnêtes, ne découvrent pas ces misères sans une secrète et amère douleur : c'est comme une illusion qui leur est ôtée ; l'humanité leur paraît amoindrie dans un de ces nobles esprits qui font sa force et sa gloire.

Il n'y a pas un sage, pas un moraliste dont la conduite n'ait été ainsi scrupuleusement fouillée ; et, en vérité, c'est justice : rien de plus dangereux que le désaccord des actes et des paroles dans la vie de ces instituteurs du monde. Seulement, cet examen si légitime en soi et si utile, est fait trop souvent avec légéreté ou prévention. L'esprit de dénigrement, une sorte de vague jalousie, l'humeur railleuse qu'égaye un constraste piquant, accueillent comme preuves les indices les moins certains, et des accusations peu fondées prennent dans l'histoire le caractère de faits demontrés.

Le président Pibrac, le vénérable auteur de ces *Quatrains moraux* qui servirent si longtemps à donner à la jeunesse de salutaires leçons, a été, ce nous semble, la victime d'une semblable erreur, et sa mémoire, malgré quelques timides apologies, en demeure encore calomniée.

Comme la plupart des magistrats de son siècle, Pibrac fut un homme politique : le désir d'être utile à l'Etat l'avait déterminé à écrire, après la Saint-Barthélemy, moins une justification de cet odieux massacre, qu'un plaidoyer où il faisait valoir, dans l'intérêt de la paix publique, les circonstances qui pouvaient en atténuer l'horreur : le même motif le décida, quelques années plus tard (1579), à accepter les fonctions de chancelier de la reine Marguerite, femme de Henri de Navarre. A ce titre, il demeura dix-sept mois avec elle en Gascogne : elle tenait sa cour à Nérac. Comme il connaissait particulièrement l'esprit des populations de ce pays qui était celui de ses ancêtres et le sien, il pensa pouvoir y rendre plus de services qu'ailleurs. Et en effet, chargé de ménager un accommodement entre la cour et le roi de Navarre, il obtint pour le chef des protestants des conditions avantageuses. Pour expliquer sa conduite, est-il besoin de lui supposer un autre mobile que celui de la justice et du bien public ? Il ne pouvait échapper à un esprit droit et clairvoyant comme le sien que, dans ces conflits de passions et d'intérêts divers, le bon droit était le plus souvent du côté de ce petit prince de Béarn, vaillant, actif, relativement honnête, et ne demandant guère que ce qui était bien à lui; qui seul était de force à tenir tête aux Guises, si ambitieux, si populaires, et au parti espagnol, ennemi non moins dangereux pour la France que pour lui. Pibrac comprit aussi qu'il fallait se garder d'affaiblir l'homme qui pouvait devenir l'héritier légitime du trône, le roi n'ayant pas d'enfants, et le duc d'Alençon s'amusant sottement à la poursuite d'un mariage impossible avec Elisabeth d'Angleterre.

Au lieu de penser qu'un homme d'une vertu éprouvée comme l'était Pibrac, le disciple et l'ami du chancelier L'Hospital, qu'un bon père de famille, alors âgé de plus de cinquante ans, avait été guidé en ces circonstances par les plus graves considérations, on a imaginé un roman. L'archevêque Hardouin de Péréfixe, dans la *Vie de Henri IV*, qu'il composa pour l'éducation de Louis XIV, a le premier accrédité cette fable invraisemblable. « Tandis que la reine-mère, dit-il, pensoit enchanter les Huguenots par les charmes des belles filles qu'elle menoit avec elle, et par l'éloquence de Pibrac, Marguerite lui opposa les mêmes artifices, gagna les gentilshommes qui estoient auprès de sa mère par les attraits de ses filles, et elle-même employa si adroitement les siens, qu'elle enchaîna l'esprit et les volontez du pauvre Pibrac, de sorte qu'il n'agissoit que par son mouvement, et tout au rebours des intentions de la reine-mère, — laquelle ne se défiant pas qu'un homme si sage pust estre capable d'une pareille folie, y fut trompée en plusieurs articles et portée insensiblement à accorder beaucoup plus aux huguenots qu'elle n'avoit résolu. »

Mézerai, reproduisant presque dans les mêmes termes le récit de Péréfixe, y ajouta ce trait à l'adresse de Pibrac : « La sagesse de ce grand homme fit naufrage contre cet écueil. » Dès lors le fait parut prouvé. Bayle écrivit effrontément dans son article sur Marguerite de Navarre : « Je ne finis pas sans dire que le sage et fameux Pibrac fut son chancelier et son amant ; » et, en note : « Allez vous fier après cela à ces vénérables magistrats qui font des quatrains moraux si graves, si sentencieux que Caton même se feroit honneur de les avoir composez. » Le judicieux Hesnault n'hésita pas plus que les autres, et nous lisons dans son *Abrégé chronologique* : « La conférence de Nérac avoit été favorable aux huguenots par la faiblesse de Pibrac qui devint amoureux de la reine Marguerite. »

Telles sont les premières données du roman : depuis on les a singulièrement développées. Marguerite, toujours menacée, toujours inquiète, voulant se rattacher son mari par un service signalé, aurait employé, pour séduire son chancelier, qui était en même temps l'homme de confiance de sa mère, tous les artifices de la coquetterie. Et l'irréprochable magistrat, le rigoureux moraliste serait tombé dans le piége ; il aurait eu la folie de s'éprendre d'amour et de déclarer sa passion. On a même fait un rapprochement piquant entre le pauvre barbon et « le brillant Bussy d'Amboise » qu'il aurait prétendu remplacer. Mais, pour prix de ses intrigues, après cet ignoble trafic de sa conscience, il n'aurait pas même eu la triste satisfaction d'obtenir des faveurs si souvent prodiguées, et n'aurait retiré de son égarement passager que l'humiliation du ridicule.

Je ne crois guère à la vieille histoire d'Aristote faisant l'âne pour complaire à une maîtresse : c'est un fabliau satirique comme en a tant produit la verve maligne de nos trouvères ; je crois moins encore à l'amour de Pibrac pour la reine de Navarre. Sur quels témoignages authentiques est fondée cette fable? Sur un seul qui soit du temps, sur un passage des Mémoires de l'historien de Thou.

Or, voici ce que nous apprend de Thou :

En 1582, pendant un voyage dans le midi de la France, il était allé avec Pithou visiter l'illustre magistrat à sa maison de campagne près de Toulouse. Après de longs entretiens sur les personnes et les choses auxquelles pouvaient s'intéresser ses jeunes hôtes, Pibrac aurait un jour, en se promenant, pris de Thou pour confident de ses peines. « Il le crut propre, dit le narrateur lui-même, comme étant le plus jeune de ses amis, à excuser sa foiblesse... Il lui dit la réponse qu'il méditoit, mais avec un air si prévenu, en des termes si étudiés, avec tant de chaleur et de véhémente passion, qu'il faisoit croire à la vérité des reproches de Marguerite (1). »

De Thou, dans ses commentaires sur cette confidence, n'est-il pas allé au-delà de la vérité? Dans un pareil sujet, il n'y aurait rien d'étonnant de la part d'un homme encore jeune, aimant, comme à peu près tout le monde à cette époque, les choses extraordinaires, influencé sans doute aussi par le bruit public. Car Marguerite, qui n'était pas femme à craindre l'éclat, avait dit bien haut pourquoi elle renvoyait son chancelier. D'ailleurs de Thou, dans ce récit, n'a aucun des caractères de l'historien ; il se rappelle les principales circonstances du fait : à un tel intervalle, elles se trouvent singulièrement

(1) Adeo accuratis verbis, tantaque contentione et affectus vehementia ut Margaritæ exprobrationi fidem adstrueret. (*Thuan. de Vita sua*, lib. II.)

grossies; les autres, les nuances délicates au contraire se sont effacées. De là l'idée assez vague qu'il nous donne de la confidence qui lui fut faite. Ce que nous y voyons de plus clair, c'est qu'il a trouvé de la passion dans le langage du ministre de Marguerite. De la passion, oui, de l'amertume, une douloureuse anxiété, mais non « de la tendresse, » un amour « mal éteint, » comme le lui fait dire, en exagérant encore ses paroles, un historien moderne (1).

Voici la phrase de la reine, qui tourmentait si fort le bon Pibrac, plus, j'imagine, pour sa réputation, pour sa tranquillité et pour celle de sa famille que pour tout autre motif : elle lui reproche, dans une longue lettre, d'avoir, selon l'expression de ses *Mémoires*, « joué au double (2), » c'est-à-dire d'avoir voulu ménager des intérêts opposés, de n'avoir pas soutenu exclusivement les siens. Chose plus grave, elle l'accuse de lui avoir donné le funeste conseil de quitter son mari pour revenir à la cour de France; elle suppose qu'obligé lui-même de retourner à Paris, et ne pouvant vivre loin d'elle, il a voulu, n'écoutant que sa passion, l'entraîner à sa suite. Dans tous ces reproches, elle se fonde sur deux lettres qu'elle prétend avoir reçues de Pibrac; mais elle les commente de manière à les rendre méconnaissables, même pour leur auteur.

« En la seconde, dit-elle, vous m'escriuiez vne excuse non moins indiscrète et peu considérée pour un homme si sage : qui estoit que aultre chose ne vous auoit conduict à me donner cest aduertissement que l'extresme passion qu'auiez pour moy, ce que ne m'auiez osé des-

(1) *Trois magistrats français du* XVIe *siècle*, par Edouard Faye de Brys. Paris, 1845, in-8°, p. 148.

(2) Edit. Caboche. Charpentier, 1860, p. 215.

couurir; mais qu'à ceste heure vous y estiez forcé, et à desirer de me reuoir... »

Le coup fut très rude pour le pauvre chancelier qui n'avait peut-être d'autre tort que de prendre à la lettre le nom de *père*, que Marguerite, selon une habitude du temps, aimait à lui donner : il en fut malade et ne put répondre qu'après quelques jours de répit aux griefs étranges articulés dans la lettre de la reine. La lettre était du 25 septembre 1581 ; la réponse partit de Paris le 1er octobre. Elle a été conservée. L'année suivante, retiré dans sa province, dans ses magnifiques domaines, depuis quelque temps un peu négligés, il reprit cette sorte de plaidoyer pour son honneur ; c'est sur cette nouvelle rédaction qu'il consulta de Thou, et cette « Apologie, » qui ne fut pas livrée au public, mais, comme dit un contemporain, « passa par peu de mains, » fut regardée comme un chef-d'œuvre. Du Vair, que je viens de citer, disait « n'auoir jamais rien veu de mieux (1). »

Aujourd'hui, nous ne pouvons juger de l'œuvre définitive que par la réponse qui fut presque immédiatement opposée à l'accusation : il est vraisemblable que cette défense lentement « élabourée, » dont la vivacité passionnée étonnait et trompait de Thou, était moins véhémente que la lettre adressée à la reine.

Pibrac se croit obligé de se justifier de point en point sur tous les reproches de la princesse indignée ou feignant l'indignation. Il n'a pas de peine à relever les contradictions de la mauvaise foi ou de la haine.

Marguerite prétendait qu'il lui avait conseillé de re-

(1) Voir ci-après, 2e fragment, vers la fin.

tourner à la cour, tandis qu'il engageait son mari à ne pas la laisser partir. Comment concilier ces deux avis avec le motif qui, selon elle, avait inspiré le premier? Ce motif, — l'amour insensé qu'elle lui attribue, — est ce qui le préoccupe le plus : c'est cette accusation qu'il s'attache surtout à détruire.

Marguerite, quoi qu'elle en dise dans ses Mémoires. vivait en fort mauvaise intelligence avec son mari, moins à cause des mœurs pour lesquelles ils n'avaient rien à se reprocher, qu'à cause de la religion. Pendant un séjour que fit à Pau la cour de Navarre, l'antipathie des deux époux à ce sujet était si flagrante, que, dans l'entourage de la reine, on en vint à craindre pour sa vie.

Un astrologue, — à cette époque il s'en trouve partout, et partout ils jouent un rôle considérable, — Francesco Junctini, avertit Pibrac que les jours de la princesse étaient menacés. Le sage légiste partageait, à ce qu'il semble, l'erreur commune, celle des plus fermes esprits comme du simple vulgaire, il croyait à l'astrologie. Il écrivit à Marguerite un billet très pathétique où il la conjurait de se mettre à l'abri du danger.

C'est aux termes vifs et pressants de cette lettre qu'elle fait allusion dans le passage que nous avons cité ; c'est dans ces phrases dictées par une inquiète sollicitude, par l'appréhension, sans doute chimérique, d'un grand crime, que cette femme, habituée à voir dans tout un hommage rendu à ses charmes, a cru lire l'aveu d'une folle passion.

Pibrac lui répond simplement qu'elle a été trompée par quelques expressions hyperboliques. « C'est, dit-il, la façon d'escrire auiourd'huy en France, qui est pleine d'excès et de toute extrémité. Nul n'use plus maintenant des mots *aimer* et *seruir*, sans qu'il y adiouste tousiours extrêmement, infiniment, passionnément, éperduement et choses semblables, iusqu'à donner de la divinité aux choses qui sont moins qu'humaines; il n'y a frère qui écriue à sa sœur, ni sœur à son frère, ni seruiteur à sa maistresse, qui par vne façon et erreur communes d'escrire, ne se laisse transporter à des extrémitez par des paroles du temps, et ne se mette hors de la ligne et du point du deuoir, voir i'oseray dire de l'honnesteté. » Mais personne ne s'y trompe; on sait bien ce qu'il faut rabattre de ces termes outrés. « Autrement nul viuant ne se pourroit exempter de la calomnie. »

Cette explication si naturelle, si pleine de « candeur, » selon l'expression naïve de celui qui la donne, ne fut guère sans doute du goût de Marguerite et dut l'exaspérer encore ; si quelque chose révolte une femme, et surtout une pareille femme, c'est que l'on nie l'amour qu'elle croyait avoir inspiré; au fond elle devait penser que Pibrac aurait pu être fier de sa mésaventure. L'argument dont il se sert ici pour la détromper était bien plus fort qu'il ne nous semble aujourd'hui. Feinte ou réelle, l'erreur de la reine portait sur les deux mots : « passion extrême, désir de la revoir, » dont Pibrac s'était servi en lui donnant avis de l'attentat médité contre elle. Ces termes exagérés étaient alors d'un commun usage, et Marguerite, moins que personne, aurait dû s'y méprendre. Ils avaient été apportés en France par les Italiens qui ont conservé longtemps, dans les relations les plus ordinaires, ces formules d'une politesse outrée. Un demi-siècle plus tard, Balzac et Voiture les prodiguent encore dans leurs lettres, et il n'est venu à l'esprit d'aucune des belles dames et des grandes dames à qui ils écrivent, de prendre pour des déclarations d'amour, l'assurance qu'ils leur donnent de « n'aimer rien au monde autant qu'elles, » et « d'être, comme ils le seront toujours, passionnément leurs serviteurs. »

Dans la poésie, c'était bien autre chose : les Pétrarquistes ne s'arrêtaient pas en si beau chemin. En vain du Bellay avait spirituellement raillé cette exagération et cette afféterie italiennes substituées, dans le langage du sentiment, à la vieille simplicité française :

> Et cet enfer de grandes passions,
> Ce paradis de belles fictions,
> Déguisement de nos affections,
> Ce sont peintures vaines.

C'était le bon ton, et les meilleurs esprits prenaient un peu, bon gré mal gré, ce jargon de la cour, « extravagant, dit Ronsard, creué, bouffi, plein de paroles piafées. » Le siècle d'ailleurs était porté aux sentiments extrêmes, et, chez la plupart, cet entraînement du cœur était sincère. Pibrac lui-même ayant eu, dans sa jeunesse, l'occasion d'entendre et d'admirer en Italie la célèbre Olympia Morata, trouva plus tard tout naturel de consacrer son admiration pour cette belle et savante femme, en donnant à sa fille le nom d'Olympe. Personne ne s'avisa de chercher dans ce naïf témoignage d'estime la preuve d'une ancienne passion « mal éteinte. »

Aussi le fidèle serviteur qui s'était flatté d'être pour sa reine un peu plus qu'un ministre ordinaire, — presque un ami, — se trouva-t-il comme atterré, en voyant l'interprétation donnée par elle à des paroles dont il s'était servi dans la simplicité de son cœur. Il reproche avec dignité à Marguerite d'avoir « pensé » par là « le combler et abysmer de honte, et, par ce moyen, lui clore la bouche; » il se plaint de l'usage perfide qu'elle a fait de ses lettres, et lui rappelle enfin, avec une complaisance amère, un passé qui pour lui n'a pas été sans charmes. « N'est-il pas vray, madame, que i'ay demouré dix-sept mois auprès de vous, auec tant de familiarité, auec tant de communication de toute sorte de propos, et auec vne habitude si priuée, qu'il ne s'en peut trouuer, ni souhaiter vne plus grande, et néantmoins je m'asseure que vous ne me vistes oncques vn seul moment escarter du respect que ma fortune doibt à la vostre, et ne me sçauriez reprocher que ie n'aye esté tel le dernier iour que le premier à vostre seruice. »

On le voit, pour bien démêler le caractère des relations qui existèrent entre Marguerite de Navarre et Pibrac, en dehors de ses fonctions de chancelier, il est indispensable de se représenter exactement, avec les personnages, le milieu où ils vivaient. A cette étrange époque, tout se mêle, tout se confond, dans les hommes et dans les choses. En même temps qu'on s'occupe avec une ardeur sans égale des plus grands intérêts de la religion et de l'Etat, on paraît ne songer qu'aux plaisirs. La naïveté la plus vraie admet, sans s'inquiéter aucunement de la contradiction, les élégances les plus recherchées du bel esprit : on dirait souvent d'une enfant qui se pose des mouches ou essaie une brillante coiffure de bal. Les savants docteurs, les graves magistrats riment de petits vers, quelquefois un peu lestes, sans autre but que de se divertir un moment. Dans cette cour de Nérac où Marguerite donne le ton, comme elle le donnait à Paris (1), règne un laisser aller qui soulève la bile des rigides successeurs de Calvin. Le chef politique de la Réforme, Henri de Navarre, moins frivole qu'il n'en a l'air,

(1) « Ma fille, lui disait Catherine de Médicis, c'est vous qui inventez et produisez les belles façons de s'habiller ; la Cour les prend de vous et non vous de la Cour. » (Brantôme.)

prend part à ces désordres, et en rougit sincèrement devant l'austérité indignée d'un Théodore de Bèze ou d'un Agrippa d'Aubigné. Il confesse volontiers sa honte, mais il n'a pas la force, il n'a peut-être pas même l'idée de rompre une bonne fois avec cette vie déréglée. Nérac, d'ailleurs, c'est, comme dit Sully, un autre Paris : ici, comme là, la licence devient souvent un moyen de gouvernement. Tous les raffinements de la coquetterie italienne, toutes les grâces de la beauté, les charmes des conversations tour à tour sérieuses et enjouées, savantes et licencieuses, rappelant celles du *Décaméron*, des amours faciles, l'ivresse des fêtes les plus brillantes, prolongées dans la nuit (1), sous un beau ciel, dans de magnifiques jardins ; que d'attraits ! que d'enchantements « dans les délices de la cour huguenote ! » Ce dernier mot est encore de Sully, et Marguerite, qui se complaît dans la peinture de ces divertissements sans fin, est, bien longtemps après, tout émue encore au souvenir de ce qu'elle appelle sa « félicité. » On séduisait dans cette Capoue, on énervait ceux qu'on ne pouvait vaincre. Le jeune Turenne, qui depuis peu s'était donné à la Réforme, faillit y laisser sa raison et son cœur : il ne s'arracha que par un énergique effort de nouveau converti, « à des passions qui, selon son expression, tirent nos âmes et nos corps à ce qui ne porte que honte et dommage (2). » C'est qu'il y avait là, outre la reine toujours insatiable de plaisirs, toujours avide d'amoureuses conquêtes, « bon nombre de dames et de filles, — c'est elle qui parle ; — et le roy, mon mary, estoit suiuy d'vne belle troupe de seigneurs et gentilshommes,

(1) Le roi Henri III conseillait à Marguerite, sa sœur, « de ne plus faire de la nuit le jour et du jour la nuit, et de payer ses dettes. »

(2) *Mémoires de Marguerite de Navarre.* Edit. Caboche, p. 217.

aussy honnestes gens que les plus galants que i'aye veus à la cour; et n'y auoit rien à regretter en eux, sinon qu'ils estoient huguenots. Mais de ceste diuersité de religion, il ne s'en oyoit parler : le roy mon mary et madame la princesse sa sœur, allans d'vn costé au presche, et moy et mon train à la messe, en vne chapelle qui est dans le parc; d'où comme ie sortais, nous nous rassemblions pour nous aller promener ensemble, ou en vn très beau iardin qui a des allées de lauriers et de cyprès fort longues, ou dans le parc que i'auois faict faire, en des allées de trois mille pas, qui sont au long de la rivière; et le reste de la iournée se passoit en toutes sortes d'honnestes plaisirs, le bal se tenant d'ordinaire l'après-disnée et le soir (1). »

Tel est le *monde* dans lequel Pibrac, en son âge mûr, fut jeté par le hasard, par le désir de servir l'État, et sans doute aussi un peu par quelque secrète envie de se rapprocher de son beau pays natal, tout plein encore de sa famille et du souvenir de ses ancêtres. Qu'il ait été insensible aux charmes de cette cour « si belle et si plaisante, » comme dit encore celle qui, à tous égards, en était la reine, on ne pourrait l'affirmer. J'admettrais même bien volontiers qu'il se plût dans la quasi-familiarité d'une femme lettrée, aimable, peu cérémonieuse, telle qu'était Marguerite; mais je le crois sur parole quand il déclare que ses sentiments pour elle n'étaient que ceux d'un père. Elle a bien pu, elle aussi, se tromper au langage quelquefois exagéré d'une affection qu'elle encourageait, et des gens que gênait l'intelligence administrative du chancelier ou sa probité politique, ont probablement présenté à la reine sous un jour faux cette « passion » honnête, ce dévouement sans ar-

(1) *Mémoires. Ibid.*, p. 218.

rière-pensée. Je suis persuadé que c'est cette ingratitude dont il a tant souffert qui a inspiré au moraliste quelques-uns des quatrains, ajoutés à son recueil après sa disgrâce. Ils ont un rapport frappant avec quelques lignes d'une noble fierté que l'on peut relever encore dans son éloquente apologie : il n'a pas eu plus de dévouement pour ses propres enfants, et Marguerite lui parlait comme à un père... « C'est, ajoute-t-il, ce qui m'attriste le plus, voyant le traitement que vous me faites; car, si ie feusse entré en vostre seruice auec l'intention de la plus part de ceux qui seruent les roys et les princes, il ne me chauldroit guères de vous voir changer de volonté en mon endroict, et receurois ce traict comme chose ordinaire, de laquelle on doit faire estat dès le premier jour du seruice (1). »

A ton seigneur et ton roy ne te ioue,
Et s'il t'en prie, il te faut excuser :
Qui des faueurs des rois cuide abuser,
Bientost froissé, chet au bas de la roue.

Un peu auparavant, trois autres quatrains semblent offrir aussi le souvenir amer de quelque machination ténébreuse dont il aurait été la victime :

Ah ! le dur coup que celuy de l'oreille !
L'homme en devient quelquefois forcené,
Mesmes (2) alors qu'il nous est assené
D'vn beau parler, plein de douce merveille.

Pour bien au vif peindre la calomnie,
Il la fauldroit peindre comme on le sent ;
Qui, par bonheur, d'elle ne se ressent —
Croire ne peut quelle est ceste furie.

(1) M. Caboche. *Ibid.*, p. 294.
(2) Surtout, du latin *maximè*.

Elle ne fait en l'air sa résidence,
Ny sous les eaux, ny au profond des bois ;
Sa maison est aux oreilles des rois
D'où elle braue et flestrit l'innocence.

Pibrac termine sa lettre à Marguerite en exprimant le regret bien naturel de lui avoir sacrifié la position tranquille et honorée qu'il occupait dans les conseils du roi. Il craignait surtout d'avoir perdu, avec son rang dans l'Etat, ce qu'il avait de plus cher au monde, sa bonne renommée. Car Marguerite qui, au lieu d'éviter le scandale, était plutôt femme à le rechercher comme un assaisonnement des désordres de sa vie, ne fit nul mystère des prétendues causes de sa rupture avec son chancelier. Elle prit les premiers venus à témoin de sa colère, et, dans son entourage, il ne se trouva que trop de gens tout prêts à croire à sa sincérité. Les aberrations du cœur et des sens étaient alors choses si communes! Et puis n'était-il pas plaisant de voir un sage de profession démentir ainsi tous ses principes et s'abandonner au plus fol amour? Cela était absurde, et parut vrai. Le fait fut bientôt admis comme prouvé, et l'imagination populaire, brodant sur ce canevas si peu solide, fit de Pibrac un des amants en titre de la reine Margot. Au siècle suivant, un historien de Toulouse, Lafaille, qui s'est joint avec une légèreté incroyable aux accusateurs de son illustre compatriote, apporte pour preuve de son opinion une chanson qui, selon la tradition locale, aurait eu, dit-il, Pibrac pour auteur :

Marguerite, mes chères amours,
Escoutez la chansonnette
Qui a esté faicte pour vous.

Certes, Pibrac n'est pas un grand poète; mais il nous

semble que, s'il eût voulu chanter ses amours, il l'aurait su faire dans un autre style. Les trois vers cités dans les *Annales de Toulouse* sont tout simplement le début de quelque vieille chanson populaire, comme il s'en rencontre encore un si grand nombre dans toutes nos provinces. Le nom de Marguerite, qui se trouve dans celle-ci, rapproché du bruit que fit nécessairement dans le Midi la disgrâce de Pibrac, a donné lieu à l'erreur si facilement accueillie par Lafaille. Enfin, en admettant même que l'auteur des *Quatrains moraux* ait fait une chanson pour la reine Marguerite, ce serait encore, suivant l'historien du Languedoc, dom Vaissette, une pauvre preuve. « Si l'on accusait, dit le grave et savant bénédictin, tous les poètes qui ont chanté les dames, d'en avoir été les amants, cela irait loin. »

II

ŒUVRES DE PIBRAC.

Les Plaisirs de la vie rustique. — Les Quatrains moraux.
L'Epistre à Helvidius.

On n'a jamais recueilli, que nous sachions, les œuvres de Pibrac; elles mériteraient pourtant les honneurs, sinon d'une édition complète, au moins d'un choix bien fait. Avec les *Quatrains*, nous y voudrions voir figurer quelques-uns de ses discours encore inédits ou disséminés dans les recueils du temps. Nous voudrions y retrouver aussi ce petit poème : *Sur les Plaisirs de la vie rustique*, où l'auteur s'est peint lui-même avec un si candide orgueil.

Cet opuscule est de 1573 (1) : Pibrac lui-même en a marqué la date ; il le composa, dit-il dans les derniers vers, « au lieu de sa naissance, lorsque Henri de France

De cent canons battoit les murs des Rochelois.

Quelques mois à peine s'étaient écoulés depuis qu'il avait écrit sa trop fameuse *Lettre à Helvidius* sur la Saint-Barthélemy (2) ; et, l'âme calme, avec le sentiment du devoir accompli, il était allé à Pibrac goûter, « en son champ maternel, » quelques jours de repos. Son cœur gémit tout de suite à la pensée que ce doux asile avait failli connaître les ravages de la guerre,

Lorsque Garonne on veit couuerte de fumée,
Et du brandon ciuil la Gascogne allumée,
Et lorsque l'Alemand la France trauersa,
Yure de notre sang que discord luy versa.
Au gré de l'Espagnol *qui ne prend asseurance*
Que sur l'astre fatal du discord de la France.

Ainsi, dès 1573, les esprits clairvoyants reconnaissaient dans les troubles de la France les manœuvres de l'Espagne.

Par une touchante prière, le poète demande à Dieu de protéger la France contre l'étranger et de ne pas permettre que

En ses tragiques pleurs lui serue de risée.
Ains (dit-il) donne à notre Roy la force et le vouloir
De ranger par douceur ses suiets au deuoir.

(1) Et non de 1568, comme on l'a dit par erreur. *Trois Magistrats français*, etc., pag. 118.— Nous nous servons, dans cette étude, du texte qui accompagne la traduction en vers latins de Sébastien Rouillard. Voici le titre de cet ouvrage : *Sebastiani Rolliardi Melodunensis suprema in curia patroni* AGROCHARIS, *è Gallico V. C. V. F. Pybracii poemate latino carmine expressa. — Parisiis apud Petrum Labelum cujus officina est ad gradus mediæ portæ magnæ aulæ Palatii*, CIϽ IϽ, XCVIII.

(2) Elle est datée de Paris, 1er novembre 1572.

Toute la politique de cet excellent esprit, de ce cœur généreux, est dans ces deux lignes qui condamnent l'emploi des moyens violents.

Retiré dans sa maison de campagne, près de cette vieille forêt de Boccone (aujourd'hui Boucone), qu'il appelle « sainte, » et qui est encore une des merveilles de ce beau pays, Pibrac revient avec une complaisance naïve, avec un légitime orgueil, à son berceau, à ses jeunes années; il se représente la déesse de l'éloquence, qui jusque-là avait *méprisé le jargon de la France*, le marquant en quelque sorte de son sceau :

> Elle, esprise de moy, se panchant sur ma couche,
> Vn ruisselet de miel me versa dans la bouche.

Ce baiser de la Muse le « voua au public pour jamais. » Il refait ainsi avec une douce fierté son horoscope, quand les événements l'ont déjà réalisé, et que rien ne peut le démentir. Cette candeur de l'éloge personnel étonne notre fausse modestie; nous aimerions mieux entendre une autre voix prédire à cet enfant son merveilleux avenir : l'harmonieux « parler qui charmera les oreilles des doctes François, » la dextérité à démêler les « processifs débats, » le talent poétique et une parole assez forte pour venger par d'éloquents écrits la France outragée dans d'odieux pamphlets. On pourrait même croire, d'après ce témoignage que se rend Pibrac, qu'il avait consacré quelques-uns de ses loisirs à écrire l'histoire ancienne ou, pour parler comme lui, « à conter les antiques merveilles des vieux Grecs et Romains. »

Mais, remarquons-le bien, ce n'étaient là que des promesses; l'homme n'a pas réalisé tout ce que la déesse entrevoyait dans l'enfant; cependant son lot a été encore assez beau : Mille fois, dit-il,

> I'ai veu le Sénat de la France
> Honorer mes discours d'vn estonné silence.

Il se glorifie d'avoir marché le premier sur les traces des Romains et des Grecs : alors revenant encore plus complétement sur les séduisantes fictions où il s'est complu d'abord, et qu'il va traiter bientôt de « fables moisies; » c'est à Dieu, au vrai Dieu qu'il rapporte tout son être, c'est de lui qu'il tient tout;

> De luy seul la raison, le parler, le sçauoir,
> Le discours, l'intellect, la force, le vouloir,

et il développe longuement cette profession de foi religieuse :

> Du seul Dieu des chrétiens humble serf ie m'aduouë.

Placé désormais sur le terrain de la vérité pure, Pibrac nous donne relativement à son enfance de précieux renseignements. Dans son voisinage se trouvait la maison de campagne du savant Bunel, philosophe aussi sage qu'éloquent, dont il reçut les leçons pendant trois ans; ce fut là, dit-il, le premier et le plus grand de ses bonheurs. Bunel le guida dans l'étude d'Aristote et de Cicéron, et de telle façon, ajoute avec modestie l'illustre magistrat, ému de ces souvenirs déjà lointains :

> Que si mort il ne fust sitost, i'eusse (peut-estre)
> Mérité d'estre dict disciple d'vn tel maistre.

Il revoit aussi avec plaisir et salue de tout son cœur le jardin créé par son père déjà vieux, ce jardin riche en arbres ou en plantes de toutes sortes, où de Thou le retrouvera plus tard, aux mauvais jours, vieilli, attristé par les plus étranges calomnies, froissé et un peu sali de son passage à travers les élégances corrompues d'une cour. Tout, dans cette somptueuse demeure, sera bien changé; les beaux vergers, les délicieux parterres seront fort négligés et incultes; mais les agréments de l'esprit du maître seront toujours les mêmes et rendront tout agréable (1).

Ici se place dans le poème un éloge de la vie champêtre : c'est un lieu commun, mais il est traité avec quelque originalité. Il y a bien çà et là des réminiscences de Virgile, d'Horace, de tous les anciens, mais ces emprunts se dissimulent sous la populaire et naïve hardiesse de la langue du XVIe siècle, si charmante en ses tâtonnements.

Les agnelets beslans foulent à petits bonds
L'herbette dans les prés; la génisse lamente
Du toreau dédaigneux l'amour qui la tourmente,
Fuit les pastis aimez, n'a cure de manger,
Es espineux halliers seule se va ranger,
S'escarte des troupeaux, des prés et des saulées
Et mugit au plus creux des profondes vallées.

Le poète peint le paysan qui, dès le matin, « au lit point ne s'amuse; »

Ains d'vn sault se leuant sa paresse il accuse,
Esueille Marion qui ronflant reposoit
Et voudroit bien encor dormir si elle osoit.
Il la haste d'aller; elle enfin prend courage,
Et d'un désir esgal se met à son ouvrage,
Se coiffe sans miroir, etc.

Il y a dans ces tableaux de la couleur, de la vie, un sentiment vrai de la nature, un *réalisme* de bon aloi.

(1) De Thou, *Mémoires*, liv. II.

Pibrac, comme quelques autres poètes du XVIe siècle, avait trouvé la vraie pastorale moderne, peignant, ainsi qu'on l'a de nouveau tenté de nos jours, nos campagnes telles qu'elles sont, et en faisant jaillir la poésie qui est partout où vit l'homme, c'est-à-dire partout où il aime, souffre et jouit; partout où sont ses rêves, ses espérances, ses labeurs quotidiens et ses rares plaisirs.

Selon les données de l'école et les exemples vénérés des maîtres anciens, à la simplicité des habitudes champêtres font antithèse les raffinements exagérés, bizarres, du luxe de la ville et de la cour. Il y a là quelques détails assez intéressants pour l'histoire des mœurs et des modes; ils prouvent une fois de plus que la fantaisie humaine, si inventive qu'elle soit, tourne sans cesse dans un cercle; elle imite, elle emprunte, et, en définitive, revient toujours à peu près aux mêmes formes, aux mêmes combinaisons, aux mêmes excès, pour satisfaire ou pour tromper un insatiable désir de jeunesse et de nouveauté.

Pour Marion la villageoise, rien de pareil; ses modes et ses parures aux jours de fêtes sont celles qu'on se transmet, dans le pays, de générations en générations.

L'arsenic calciné, le talc et la céruse,
Et ce dont l'Espagnol en ses pomades vse,
Que les dames de Court ont si bien retenu
Pour desguiser leur teint et leur poil ià chenu,
Est par elle ignoré, et ne voudroit pas estre
Que telle qu'il a pleu à Dieu la faire naistre.
Frisotter ses cheueux en mille tortillons,
De son front labouré applanir les sillons,
Rehaulser les tetins, et ses mains tauelées (1)

(1) Marquées de taches de rousseur; de l'allemand *tauen*, corroyer.

Les faire deuenir blanches et potelées,
N'a cure ne soucy, ne de bien deuiser,
Ne de lire Amadis, ou de pétrarquiser :
Des humides baisers ne sçait les mignardises,
Ne des muguets transis les ruses et feintises (1).

Marion est le type de la ménagère champêtre ; c'est plaisir de la voir tout entière aux soins de sa modeste maison. La voici qui

Du vent de son poulmon allume peu à peu
Les buchettes, etc.

C'est une réminiscence de la Baucis d'Ovide (2); mais ces libres emprunts et quelques autres du même genre n'ôtent rien à la couleur originale de ces peintures; ils ne leur ôtent rien surtout de leur vérité. Nous sommes en France, nous le sentons; en pays chrétien, tout nous le rappelle : la bonne ménagère, avant d'enfoncer le couteau dans le pain,

Ioignant ses rudes mains, à deux genoux se iette,
Fait sa prière...

Vœux modestes et bien touchants en leur simplicité; elle demande seulement que Dieu daigne

En douce paix tenir sa petite maison :
Qu'il luy plaise escarter hors de la fantasie
D'elle et de son mary la folle ialouzie...
Que l'vsurier méchant qui dès longtemps aguigne
Et hume de ses yeux le closeau de leur vigne,
En ses papiers iournaux ne les puisse accrocher (3).

Après avoir préparé « le sobre disner, » elle le porte

(1) Folio 18, verso.
(2) Ignes suscitat hesternos... et ad flammas anima perducit anili.
(3) Folio 19, verso.

aux champs, à son mari « que desià la faim presse, » et « là mangent gayement, » car ils ne connaissent ni ne redoutent les poisons en usage dans les rangs plus élevés du monde, ces poisons qui, comme dit le poète ancien, ont donné naissance à un art homicide (1). Ce frugal repas terminé, la femme *s'en reva au logis pas à pas*,

> Et laisse le mary qui, courbé, teste nue,
> Affublé seulement du ciel et de la nue,

poursuit la moisson commencée. Le jour est déjà tombé lorsque Colin rentre chez lui. Ni la nuit, ni l'orage qui se prépare et la rend plus sombre, ne le troublent :

> Car, sans se fouruoyer,
> Il iroit à yeux clos iusques à son foyer...

Il trouve Marion qui l'attend sur la porte. Après souper, le mari se couche,

> Elle, chiche du temps, met au flanc sa quenouille,
> Et, remouillant ses doigts, achèue son fuseau.

Nous voilà bien dans de vraies campagnes, parmi de vrais paysans, non moins vrais que ceux dont Labruyère a tracé un si triste portrait. Ceux de Pibrac sont aussi « brûlés du soleil, attachés à la terre, ils la fouillent et la remuent avec une opiniâtreté invincible (2). » Mais ce ne sont plus seulement « des animaux farouches qui « se retirent la nuit dans des tanières où ils vivent de pain noir, d'eau et de racines;... » ils ont aussi leurs jours de repos et de plaisirs. Le poète peint ainsi toutes les joies et tous les labeurs de l'humble maison où il nous transporte, et notamment une fête de famille à laquelle Colin

(1) Nunc dant aliis (venenum) *solertius* ipsi. Lucr., V, 1009.
(2) *Caractères*, ch. XI, de l'Homme.

et Marion ont convié leurs amis. Tout en en faisant les préparatifs, Colin n'oublie pas, — encore un trait caractéristique du temps et du pays, —

Qu'il ne fault ià passer, quelque affaire qui presse,
Le matin d'vn tel iour sans auoir ouy la messe.

Vite donc, il bride cheval ou jument, faisant servir son *paletoc* de housse, et, sa femme en croupe, il va à l'église. Au retour, il trouve ses amis déjà arrivés ; il s'excuse naïvement :

Il me desplaist par trop vous auoir fait attendre :
Nostre curé est long, il s'en fault à luy prendre ;
Ioint qu'il a bien voulu ce iourd'hui faire voir,
Que s'il vouloit prescher, il en a le sçauoir.

Et il ajoute quelques propos égrillards, qui sentent bien leur vieille gaieté gauloise.

Ici commence la deuxième partie du poème : les conversations de ces bonnes gens. Michau, l'avisé, l'avocat du village, « l'oracle vrai de toute la contrée, » mêle quelques soupirs aux joyeuses causeries des convives ; naturellement, les événements publics font le sujet de ses préoccupations. Il s'alarme surtout de ces guerres sans fin, dont le paysan souffrait plus que personne, et qui ne cessaient d'attirer sur la France l'abominable fléau des armées étrangères. Nous avons dit ailleurs (1) combien étaient redoutés et détestés ces soldats de toutes nations, combattant pour tous les partis soi-disant français, et à l'envi ravageant et dévorant la pauvre nation française.

Ne verrons-nous iamais ce pays en repos ?
Mes amis, ce dit-il, hélas ! qu'est deuenue

(1) *Les Républicains sous Henri III*, p. 22-23. Paris, 1866, A. Durand.

De nos premiers ayeux la prudence cognuë?
Faut-il que nous soyons à tous coups en danger
De voir nos champs couuerts du soldat étranger?
Douze ans y a et plus que, par nostre folie,
Nous sommes le iouet d'Espagne et d'Italie,
Et le butin certain du restre empistolé,
Qui non encores saoul du bien qu'il a volé,
A peine en sa maison ses chariots descharge,
Qu'il s'appreste à venir faire nouvelle charge.
Va, Colin, prouigner tes vignes maintenant,
Pour, malgré toy, seruir d'enyurer l'Alemand, etc.

Ce cri douloureux, c'est celui du pauvre Mélibée, à qui l'on a ravi son cher petit héritage pour le donner en proie à un soudard étranger. *Insere nunc, Melibœe, pyros*, etc.

A ces tristes paroles, la gaieté s'en va; Michau, qui s'en aperçoit, demande pardon à la compagnie :

Laissons ces hauts deuis aux rois et empereurs,
Et parlons entre nous comme bons laboureurs.

La conversation prend alors un tour nouveau. Michau, le savant, esprit un peu étroit pourtant, parle des nouvelles cultures que, naturellement, il désapprouve.

Les pays sont douez de grâces différentes.

C'est donc en vain qu'on prétend acclimater des plantes étrangères, il faut suivre les anciens errements et se contenter de l'expérience acquise.

Les hommes de ce temps, ie dis entre nous vieux,
(Ie pardonne aux garçons) sommes trop curieux
De toutes nouueautez. . . . .
Tout est receu pour bon qui vient des estrangers.

Cette haine de l'étranger se comprend à cette époque;

on avait trop peu à se louer de son immixtion dans les affaires de France ; on en souffrait de mille manières :

Ains sommes empirez de tous points, ce me semble,
Depuis que nous meslons nos affaires ensemble.

Cependant Michau, d'une façon bien invraisemblable pour un paysan, abuse dans ses discours de l'érudition si fort à la mode du temps. Il ne cherchait rien moins qu'à expliquer comment l'homme, en voulant changer les lois de la nature, c'est-à-dire les lois de Dieu, s'attirait toutes sortes de maux, et il faisait cette démonstration à grands renforts de souvenirs historiques. Colin, plus simple, l'interrompt : « Pardonne-moi, Michau ; ce langage

Et les mots que tu dis ne sont à nostre vsage.
Ie croy qu'il te souuient de quelque vieil rébus,
Quand tu nommes ton Ourse et Téthys et Phœbus, etc.

Michau, c'est-à-dire Pibrac, qui est en avance sur son siècle, prédit le jour où paysans et bourgeois pourront comprendre également ces grandes questions : la politique et la science ne seront plus l'apanage de quelques classes privilégiées ; ces affaires de tout le monde, tout le monde s'y intéressera. Peut-être même de cet entretien, dit-il, sortira un livre qui ne sera « seulement récité »

En cassines (1) *et bourgs*, ains en mainte cité,
Où les hommes sçauants auront plaisir de lire
Ces mots, non au parler, ains propres à l'escrire.

Ainsi voilà bien marquée la pensée de ce rare et généreux esprit, de rendre la science populaire ; c'est dans la même intention qu'il publiera bientôt ses *Quatrains moraux*.

(1) Chaumières.

Après cette digression, la conversation reprend sa vive allure; Michau, grâce à son beau langage, à ses connaissances variées, garde presque toujours la parole,

Quelquefois se haulsant sur la pointe des nues,
Et quelquefois rampant sous les herbes menues.

Le poème finit brusquement par une exclamation imitée de Virgile, et qui est un hommage enthousiaste à la philosophie. Je me proposais, ajoute l'auteur, de « poursuivre les biens du labourage, »

Mais la mort de mon fils m'en oste le courage
Et trouble tellement de douleur mon esprit
Que i'en laisse imparfait pour iamais cest escrit.

Ainsi restèrent à l'état d'ébauche et de fragment ces Géorgiques françaises, probablement le premier essai en ce genre qui ait été fait depuis la Renaissance. Dans les siècles suivants, les circonstances devinrent de moins en moins favorables à l'accomplissement d'une pareille œuvre. Quelques mois plus tard, Ronsard abandonnait également, après le quatrième livre, son poème de la *Franciade*, dont il avait espéré faire une épopée nationale, l'Enéide de la France; la mort du roi Charles IX lui avait « vaincu le courage (1). »

Nous avons donné une analyse détaillée de ce petit poème parce qu'il est peu connu et qu'il nous paraît un monument assez intéressant de notre vieille littérature. Comme poésie champêtre, il est bien supérieur par la

(1) Si le roy Charles eust vescu,
I'eusse acheué ce long ouurage;
Si tost que la mort l'eut veincu,
Sa mort me veinquit le courage.

(Les Œuvres de P. de Ronsard, t. II, Paris, Gabr. Buon, 1587, in-12.

franchise du ton et le naturel des tableaux aux Idylles de Ronsard. Il donnait presque partout la note vraie, trop abandonnée depuis dans les pastorales de convention, copies plus ou moins maniérées des Bucoliques de Virgile. N'oublions pas d'ailleurs la rivalité politique de Pibrac et de Ronsard, rivalité jalouse, difficile à comprendre pour nous, mais admise par les contemporains, et d'abord assez vive pour brouiller ces deux écrivains qui furent bientôt unis par une estime et une amitié mutuelles (1). Quelles qu'aient été les prétentions de Pibrac et l'opinion de son siècle, avouons que ce n'est pas comme poète qu'il se recommande à la postérité. Ce qui a fait son vrai mérite et sa gloire durable, c'est d'avoir donné, sous une forme facile à retenir, d'excellents préceptes de morale. Quoi qu'on puisse faire jamais pour remettre son nom en lumière, son plus beau titre sera toujours ce code de morale stoïque qu'on appelle ses *Quatrains* (2).

L'opuscule de Pibrac, quand il fut publié pour la première fois en 1574, ne comptait que « CINQUANTE QUATRAINS *contenant préceptes et enseignements vtiles pour la vie de l'homme*, composez à l'imitation de Phocylide,

(1) De Thou, *Mémoires*, liv. II.

(2) Un savant et ingénieux interprète du génie hellénique, M. Egger, dans ses leçons de la Sorbonne, saisit de toutes manières et rapproche avec autant d'art que de savoir une foule de détails appartenant à toutes les littératures, et pouvant soit éclairer les origines des lettres grecques, soit montrer l'influence du merveilleux esprit dont elles furent la plus brillante manifestation. C'est ainsi que, dans un excellent mémoire *sur les poètes gnomiques*, il a consacré quelques lignes très substantielles et très intéressantes aux auteurs modernes de distiques et de quatrains moraux, et à Pibrac en particulier. « On les réimprimait, dit-il entre autres choses, on les réimprimait encore chez nous au milieu du XVIIIe siècle. Voltaire n'en parle pas sans respect ; il ne leur reproche que d'avoir un peu vieilli, etc. »

Mémoires de littérature ancienne, p. 209-211. — Paris, Aug. Durand, 1862, in-8°.

Epicharme et autres poètes grecs. » L'auteur, à mesure qu'il recevait lui-même les leçons de l'expérience, en ajouta successivement plusieurs autres, et, dans la dernière édition donnée de son vivant, l'ouvrage comprenait cent vingt-six quatrains, c'est-à-dire un peu plus de cinq cents vers de dix syllabes. Le livre n'est pas gros, et pourtant, c'est bien, ainsi que le dit Molière, « un ouvrage de valeur, » de grande valeur, bien plus que celui du conseiller Mathieu, qui de bonne heure fut imprimé à la suite, dans le même volume. Il y a grand profit à en retirer, surtout si, selon la recommandation du poète, on le lit « comme il faut. » Du poète, avons-nous dit, car il nous semble impossible qu'il n'ait voulu faire qu'un « éloge ironique » des livres dont Gorgibus conseille la lecture à sa fille. Molière, sans doute, comme le dit le critique très ingénieux auquel appartient l'opinion que nous combattons (1), Molière est « un grand rieur; » mais encore sait-il bien de quoi il faut rire. Le « bourgeois de Paris, » qui préfère les *Quatrains* de Pibrac et les « doctes » *tablettes* du conseiller Mathieu aux fadaises de la *Clélie*, aux « quolibets d'amour » des romans à la mode, exprime une opinion où nous aimons à reconnaître et un ami de Boileau, et l'auteur du *Misanthrope* et des *Précieuses ridicules*. Nous trouverions Molière bien malheureux s'il avait voulu tourner en ridicule ces simples et dignes codes de morale : nous ne croyons pas même qu'en général l'épithète de *rieur* lui convienne.

Mais revenons aux *Quatrains moraux* de Pibrac.

L'auteur, avec une austérité qui ne se retrouvera plus tard que dans les illustres solitaires de Port-Royal, pro-

(1) M. Caboche, *Mémoires de Marguerite de Valois.*

teste d'abord qu'il n'a pas cherché l'élégance du style, qu'il a voulu être utile et non agréable. Puis, pour nettement marquer son objet et son but, il inscrit au frontispice de son œuvre cette devise :

Un Dieu, une foi,
Un roi, une loi.

Malgré le caractère absolu de cette maxime, il ne faut pas croire que Pibrac soit un esprit étroit, intolérant. Formé à l'école des anciens sages, de Platon, de Zénon, de Sénèque dont il faisait sa lecture favorite, il a appris d'eux à fuir la violence : leurs excellentes leçons lui en avaient montré l'injustice et la folie ; le sort qu'elle leur fit, au nom des tyrans, peuples ou rois, lui en inspira l'horreur. Ami du vertueux chancelier L'Hospital, il ne songea qu'à marcher sur ses traces ; chrétien fervent, il trouvait dans l'évangile la consécration des meilleurs préceptes de ces anciens qu'il aimait et vénérait avec son siècle tout entier. De là, de ces sources diverses et pures découlent pour Pibrac des idées grandes, généreuses, nulle chimère; la charité universelle, l'amour de l'humanité, mais sans préjudice des devoirs plus stricts envers la famille et la patrie :

Tout l'vnivers n'est qu'vne cité ronde ;
Chascun a droict de s'en dire bourgeois ;
Le Scythe et More autant que le Grégeois,
Le plus petit que le plus grand du monde (VI).

Cette égalité de tous les hommes devant la nature, ce titre qui leur est commun de concitoyens du monde, implique la condamnation de l'esclavage, et voilà nos philosophes soi-disant *humanitaires* devancés par un humble moraliste du XVIe siècle.

Pibrac, dès sa première maxime, a indiqué à l'homme ce qu'il doit à Dieu, l'adoration, la prière, mieux encore, la pratique du bien, l'accomplissement du devoir : « Sois juste et droit... » C'est la méthode théologique ; est-ce à dire encore qu'ici il renie les leçons de ses vieux maîtres ? Nullement; car, après avoir donné tout d'abord à l'âme cette indispensable provision de voyage qui, à la rigueur, lui pourrait tenir lieu de tout, il se hâte de poser le principe philosophique de la connaissance de Dieu par l'homme, par la raison et la conscience :

Il ne sçauroit iamais mieux le cognoistre
Que dedans soy, ou comme en vn miroir,
La terre il peut et le ciel mesme voir,
Car tout le monde est compris en son estre (IX).

Qui a de soy parfaicte cognoissance,
N'ignore rien de ce qu'il faut sçauoir ;
Mais le moyen asseuré de l'auoir,
Est se mirer dedans la sapience (X).

Se mirer dans la sagesse, qu'est-ce à dire ? Et le philosophe ne fait-il pas ici une pétition de principe ? Non ; se mirer dans la sagesse, c'est savoir lire dans ce livre si instructif de la nature humaine, c'est se mettre dans la pure lumière de manière à ne pas prendre l'ombre pour la réalité. Se connaître, connaître l'homme, c'est donc bien le principe de toute science, de toute philosophie ; mais encore, qu'est-ce que l'homme ?

Ce que tu vois de l'homme n'est pas l'homme,
C'est la prison où il est enserré,
C'est le tombeau où il est enterré,
Le lict branslant où il dort vn court somme (XI).

Sans doute, ces idées ne sont pas originales; elles

n'appartiennent pas plus à Pibrac qu'aux philosophes de son temps, les figures même dont il les revêt, la prison terrestre, les liens du corps, Platon, Cicéron, Virgile nous les ont rendues familières; le corps qui est un tombeau σῶμα σῆμα, comme disait Platon, par un jeu de mots que le poète français n'a pas pu s'approprier, tout cela est antique; mais ce qu'il y avait de neuf dans le livre de Pibrac, c'était le fait de répandre dans la foule, sous une forme accessible à tous, ces grandes idées.

Pour l'homme, le premier fruit de cette connaissance de lui-même sera la révélation très claire de son origine : il est « une plante divine, » dit élégamment le poète, qui doit *fleurir aux cieux :* il apprendra par là quels sont ses vrais biens, les biens conformes à sa nature, la vertu, et il ne pourra la connaître sans l'aimer.

Qui te pourrait, vertu, voir toute nuë,
Oh ! qu'ardemment de toi seroit espris,
Puisqu'en tout temps les plus rares esprits
T'ont fait l'amour au trauers d'une nuë (XXVII).

Quiconque aura pour la vertu cette généreuse passion, marchera dans sa voie, si rude qu'elle puisse estre, « aimant l'honneur plus que la vie, » et se tenant « loing des plaisirs infames. » Le plaisir, en effet, est trop souvent le poison de l'honneur, dit le poète, qui consiste au devoir

Que rendre on doict, selon l'humain pouuoir,
A Dieu, au roi, aux lois, à la patrie.

Le devoir envers la patrie! la voilà pourtant marquée d'un trait précis, proclamée et présentée comme une part de l'honneur, cette sainte loi qui devait encore si longtemps rester dans l'ombre, méconnue même des plus hautes âmes, les Condé, les Turenne! Mais la semence jetée par Pibrac et les autres grands moralistes ses contemporains, pour avoir tardé à lever, n'était point étouffée, on le vit bien deux siècles après; quand les excès et les débauches du pouvoir absolu en eurent amené la chute effroyable, elle se montra soudain, l'impérissable semence, secouant le sol, et la vieille terre nationale se couvrit d'une moisson de vrais héros.

Avec l'idée de la patrie et de ses devoirs envers elle, l'homme doit aux leçons de la vertu la notion de la véritable liberté, de cette liberté qui, comme dit Horace, « oppose aux caprices de l'insolente Fortune un front haut, un cœur fort. » Et la Fortune, le même Horace peut vous l'apprendre, « c'est une foule ameutée qui ordonne des crimes, c'est un tyran qui menace, c'est l'orage qui gronde, etc., Pibrac s'inspira de ces idées. Mais qu'importent les dehors terribles sous lesquels se montre l'impérieuse déesse ?

Le sage est libre enferré de cent chaisnes,
Il est seul libre et jamais estranger;
Seul asseuré au milieu du danger,
Et le vray roy des fortunes humaines (LIX).

« Il connaît seul ce qu'il a mérité... » Toute l'apologie de Socrate est dans ce mot si simple et si énergique, toute la force et la juste fierté du philosophe.

Avec de pareilles règles de conduite, il est impossible de s'égarer dans la vie; car la vertu est une et sa voie est droite. Point de tergiversations, point de lâches accommodements : le droit et le devoir, tout est dans ces deux mots, que dis-je ? dans ce seul mot : le juste. A-t-on fait une promesse, il la faut tenir, et même à ses ennemis. Alors qu'on la faisait, n'était-on pas libre ? Malheur à qui s'engage au hasard, la faute est dans le choix, Dieu est irresponsable : αἰτία ἑλομένου· θεὸς ἀναίτιος.

> Vouloir ne faut que chose que l'on puisse
> Et ne vouloir que cela que l'on doict.
> Mesurant l'vn et l'autre par le droict
> Sur l'éternel moule de la iustice.

Du même principe de l'engagement volontaire, du libre choix dérive l'obéissance à la loi :

> La loy sous qui l'Estat sa force a prise,
> Garde-la bien, pour grosse qu'elle soit.

Toujours la pure doctrine socratique, l'austère et touchant enseignement donné dans le *Criton.* On peut, en effet, toujours se soustraire à l'empire d'une loi qu'on croit mauvaise ; on peut essayer d'abord de démontrer qu'elle ne vaut rien, et ensuite, si l'on ne parvient pas, par la persuasion, à l'améliorer ou à la faire abolir, on est libre de quitter le pays où elle règne. Il en est qui veulent choisir dans la loi, l'arranger à leur convenance, et y prenant ce qui s'accorde avec leurs intérêts, se font une loi à eux. Prétention monstrueuse, subversive de tout ordre social : le caractère essentiel de la loi est d'être une et la même pour tous. Ce qu'on appelle privilége, *priva lex,* n'a de raison d'être que la condition nécessaire de services à rendre ou la récompense de services rendus : encore ces avantages, concédés au nom d'une loi commune, doivent-ils participer au caractère de cette loi. Ainsi, le roi tient de la loi ses prérogatives, ses droits de toutes sortes ; mais ce n'est pas à titre gratuit. Combien, s'il veut faire son devoir, paye-t-il cher ces avantages ! Devenir roi, ou, comme dit le poète, « affubler son chef du royal bandeau, c'est mourir à soy-même. »

Et il ajoute :

> De jour, de nuict, faire la sentinelle,
> Pour le salut d'autruy tousiours veiller,
> Pour le public sans nul gré travailler,
> C'est en vn mot ce qu'empire j'appelle (CIII).

Voilà les pénibles et ingrats labeurs de la royauté, et, pour les accomplir, le philosophe lui refuse le pouvoir absolu, instrument terrible qui d'ordinaire prépare la ruine de la justice et le règne de la violence.

> Ie hay ces mots de puissance absolue,
> De plein pouuoir, de propre mouuement :
> Aux saincts decrets ils ont premièrement,
> Puis à nos loix la puissance tollue.

« Vray Dieu ! que ce quartrain me plaist ! s'écrie Est. Pasquier, avec d'autant plus d'enthousiasme que ce fut son rêve et celui de tous les grands légistes de son temps, d'en voir passer l'esprit dans la conduite des affaires publiques. Mais faut-il faire de ces maximes la loi indispensable de la royauté, et doit-on refuser obéissance au prince qui ne s'y soumet pas, au souverain lâche ou au maître cruel ? En un mot, le poète philosophe admet-il le droit à l'insurrection ? Ecoutez sa réponse :

> Il t'est permis souhaiter vn bon prince,
> Mais tel qu'il est, il le conuient porter,
> Car il vaut mieux vn tyran supporter
> Que de troubler la paix de la province (CXI).

Cette résignation peut sembler patiente à l'excès; mais au temps de Pibrac, une pareille maxime s'explique (1).

(1) Montaigne qui, comme nous allons le voir, cite textuellement le quatrain de Pibrac où il recommande le respect du gouvernement établi, semble s'être souvenu aussi de cette maxime quand il a écrit : « On peult

Quels avaient été pour la France les fruits de tant de guerres civiles, où nobles et bourgeois, protestants et catholiques avaient cherché à se faire justice par eux-mêmes? La plus effrayante misère, le désespoir. De plus, c'était une protestation contre la violence qui trouvait alors tant d'avocats, là même où elle aurait dû le moins en avoir, dans la chaire évangélique. Enfin, le philosophe attendait avec confiance la fin du despotisme qui s'use par lui-même et s'use vite, car il est un abus de la puissance, et l'abus de la force n'est que faiblesse.

Ce qu'il y a de mieux à faire, c'est donc de respecter l'ordre établi. Le plus souvent, c'est chimère que de désirer pour son pays telles institutions qui réussissent ailleurs. Chaque forme de gouvernement a ses avantages, et les expériences, surtout en ce genre, coûtent toujours cher.

> Aime l'Estat tel que tu le vois estre,
> S'il est royal, aime la royauté,
> S'il est de peu ou bien communauté,
> Aime-le aussi quand Dieu t'y a faict naistre (CIX).

Montaigne, — on le comprend d'après son caractère, — approuve ce quatrain et le commente ainsi : « Je tiens que d'aller désirant le commandement de peu (l'oligarchie), en un estat populaire, ou en la monarchie une autre espèce de gouvernement, c'est vice et folie... Rien ne presse en estat que l'innovation ; le changement donne une forme à l'injustice et à la tyrannie, etc. » Ici ce n'est pas un aveugle amour de la tranquillité qui parle, c'est l'expérience et le bon sens.

regretter les meilleurs temps, mais non pas fuyr aux présents; on peult désirer autres magistrats, mais il fault, ce nonobstant, obéir à ceulx-icy; et à l'adventure, y a plus de recommendation d'obéir aux mauuais qu'aux bons. » *Essais*, III, 9.

Tous ces préceptes, sincèrement pratiqués, feront une âme forte et calme; indifférente? non. L'indifférence est une sorte d'abdication, c'est une des formes de la faiblesse et de la lâcheté. Or la sagesse ne se conçoit pas sans l'action. L'homme de bien, selon Pibrac, sera donc courageux et bon. Quelque difficile que soit la vie sociale, il y prendra un rôle, non le plus aisé, mais le plus utile; toujours modeste, pour rester véritablement honnête, et il ne sera content de lui qu'autant qu'il n'aura pas été, en faisant son devoir, un trop indigne instrument de Dieu.

Ne va disant : ma main a faict cet œuure,
Ou ma vertu ce bel œuure a parfaict;
Mais dis ainsy : Dieu par moy l'œuure a faict,
Dieu est l'auteur du peu de bien que i'œuure (v).

Il sera charitable et toujours prêt à rendre service; car il pensera que le meilleur lien qui puisse unir les hommes est tout à la fois le plus fort et le plus doux, la bienveillance réciproque.

Las! que te sert tant d'or dedans ta bourse,
Au cabinet maint riche vestement,
Dans tes greniers tant d'orge et de froment,
Et de bon vin dans ta cave une source (LV),

Si cependant le pauvre, nud, frissonne
Deuant ton huys, et languissant de faim, etc. (XLVI).

D'ailleurs, la pratique de la charité n'est pas facultative, c'est un devoir.

Le voyageur qui hors du chemin erre,
Et esgaré se perd dedans le bois,
A droict chemin remettre tu le dois,
Et s'il est cheu, le releuer de terre (XXXII).

Tels sont les devoirs de l'homme ; telle est la conduite de celui qui seul mérite le nom de sage, de l'homme de bien. Marcher autrement dans la vie par faiblesse ou méchanceté, c'est être bien coupable ; mais il est un être plus méprisable encore, c'est l'hypocrite. Pibrac a deviné Tartufe ; en deux coups de crayon il en a esquissé le portrait :

Voy l'hypocrite auec sa triste mine,
Tu le prendrais pour l'aisné des Catons ;
Et cependant, toute nuist, à tastons,
Il court, il va pour tromper sa voisine.

Qu'importe donc que l'on paraisse vertueux ? Il faut l'être et préférer à l'opinion de l'aveugle vulgaire, « qui agit au hasard (1), » le témoignage de sa conscience.

Voilà la pure et saine doctrine que Pibrac a mise à la portée de tout le monde : c'est en quelque sorte la quintessence de la sagesse antique. Il n'y a pas un mot dans ces simples préceptes, qui ne vienne de ces grands sages, apôtres et pour la plupart martyrs de la vérité. On y sent surtout l'inspiration socratique, c'est-à-dire le stoïcisme dans ce qu'il y a de plus pur, de plus propre à la nature humaine, de plus universellement applicable. On a dit que la gloire du XVIe siècle est d'avoir sécularisé l'enseignement de la morale ; cette gloire, que peuvent en effet revendiquer bon nombre d'écrivains de cette époque, revient surtout à Pibrac. Ses *quatrains*, traduits dans toutes les langues de l'Europe, et même en arabe, en turc et en persan, ont fait plus que de séculariser l'enseignement de la vertu, ils l'ont popularisé : ce tout petit livre a été véritablement le catéchisme philosophique de plusieurs générations.

(1) Ποιοῦσι δέ τοῦτο, ὅ, τι ἂν τύχωσιν (οἱ πολλοί). Platon, *Criton*, III.

Œuvre immense sous son mince volume : nourrir du pain de vie, du véritable aliment de l'âme, de l'idée de la justice des peuples innombrables ; œuvre sainte entre toutes. Mais quel fut l'ouvrier ? digne de sa tâche, et le modèle vivant de son œuvre ? Telle est la question qui se pose ici, comme pour tout moraliste, et pour Pibrac plus que tout autre. Si j'écoute les contemporains, la réponse est facile : Pibrac est un sage ; il a le droit d'enseigner la sagesse, « c'est un grand homme de bien, *vir honestissimus,* » dit un protestant zélé, Joseph Scaliger ; et Montaigne, qui ne ment guère, déplorant sa mort en même temps que celle du bon et savant Paul de Foix, s'écrie avec douleur : « Ce sont pertes importantes à nostre couronne. Ie ne sçay s'il reste à la France de quoy substituer une aultre couple pareille à ces deux gascons, en sincérité et en suffisance pour le conseil de nos roys ; c'estoient ames diuersement belles, et certes, selon le siècle, rares et belles, chascune en sa forme, mais qui les auoit logées en cet aage, si disconvenables et si proportionnées à nostre corruption et à nos tempêtes ? »

Comment donc concevoir que ce sage à *l'âme si belle,* que « cet esprit si gentil, » ainsi que l'appelle encore Montaigne, « les opinions si saines, les mœurs si douces, » ait pu faire l'apologie de la Saint-Barthélemy, et être accusé d'avoir été l'amant d'une Messaline ? De ces deux faits, le premier est incontestable. Cette apologie, sous le titre de *Lettre à Helvidius*, a couru le monde ; elle existe telle que l'auteur l'a écrite, en fort beau latin, et dans une traduction qui est du temps (1). Pibrac, d'ailleurs,

(1) *Mémoires de l'Estat de France sous Charles neufiesme*, à Meidelboug (*sic*), par Henrich Wolf, M.D.LXXVIII. Premier volume, p. 600 et suivantes.

n'a jamais désavoué cet acte de sa vie politique. Il n'en est pas de même de ses relations avec Marguerite de Valois, avec cette femme que le mépris public a de bonne heure désignée sous un sobriquet significatif. Pibrac, nous l'avons vu, nie et nie avec indignation qu'elles aient eu un autre caractère que celui du respect et du dévouement qu'un bon serviteur doit à ses maîtres.

Il nous reste à examiner l'apologie de l'affreux coup d'état que la postérité a condamné d'une voix unanime, et à voir s'il n'est pas possible, non de la justifier, mais de l'expliquer.

Constatons tout de suite combien il est difficile aux contemporains de connaître l'exacte vérité sur un fait dans lequel sont mêlés et intéressés des partis opposés, également habitués à la violence et à la ruse. Nous sommes à notre aise, nous, pour regarder dans ces grands événements historiques : ces cratères bouillonnants se sont depuis longtemps refroidis, et les situations les plus difficiles, les plus inquiétantes pour nos pères, nous arrêtent peu et nous troublent encore moins. A propos de la Réforme et des embarras si complexes qu'elle créait partout, nous avons bientôt fait de dire : « Il fallait laisser libres les protestants, » et du ton le plus dégagé, nous parlons du sanctuaire de la conscience et de ce seuil inviolable que ne doit franchir aucune loi écrite. Mais ce sont là les fruits de trois siècles d'expérience, de leçons de toutes sortes, amères déceptions, persécutions sans pitié, études ardentes et patientes ; mais, pour arriver à ce point, il nous a fallu le plus étonnant mouvement philosophique qui peut-être ait jamais emporté les esprits. Il en était bien autrement au XVIe siècle. La tolérance religieuse était le rêve de quelques âmes d'élite, vraiment sages, décidées à éviter de leur mieux les erreurs et les crimes du passé. Les autres, et je parle des meilleurs, ne s'imaginaient la loi ou la justice qu'armée du glaive. Machiavel, qui fut un fidèle écho de son temps, et qui en constata, en résuma, en suivit les idées, plus qu'il ue les dirigea, dit expressément qu'un gouvernement qui veut vivre doit tuer ses ennemis; car la malignité ne se dompte pas par le temps, ne s'apaise pas par des bienfaits (1).

Trois solutions se présentèrent donc de bonne heure aux esprits tourmentés du terrible problème de la Réforme : massacrer les protestants, les bannir ou les tolérer dans les limites des lois générales de l'Etat. Le chancelier l'Hôpital avait adopté la dernière, celle qui a enfin et pour toujours prévalu. Mais combien il a fallu de temps pour condamner les autres ! La politique de Catherine de Médicis, après avoir essayé de la ruse et des accommodements, préféra la première, quand Philippe II et le duc d'Albe lui eurent démontré par leurs exemples qu'elle était praticable : Louis XIV, un siècle plus tard, défaisant l'œuvre de son illustre aïeul, employa sans pitié les moyens violents, recommandés par Machiavel et comdamnés par l'Hôpital, les confiscations, l'exil, les vexations de toutes sortes et jusqu'à la mort. Et certes, il n'avait pas les excuses qu'on pouvait invoquer au temps des Valois. Soyons justes en effet pour ces princes au moins aussi malheureux que coupables : ils pouvaient justement s'alarmer de la situation que leur faisait la Réforme. Ils étaient catholiques, la plus grande partie de la nation l'était comme eux, et

(1) *Discorsi sopra la prima deca* di T. Livio, lib. III, cap. 3. « Chi piglia una tirannide, et non ammazza Bruto, et chi fa uno stato libero, et non ammazza i figliuoli di Bruto, si mantiene poco tempo... La malignità non è doma da tempo, ne placata da alcun dono. »

l'était avec passion. Aux nouvelles doctrines religieuses se ralliait une minorité turbulente, intraitable, qui, non moins que le parti contraire, rendait inutiles les sages avis du chancelier et reduisait à l'impuissance la bonne volonté du jeune roi. On se tromperait lourdement si l'on ne voyait dans les protestants que des chrétiens patients, des victimes résignées, des martyrs comme ceux de la primitive Eglise. Ils étaient souvent aussi exigeants, aussi intolérants que les catholiques, et, de plus, avec leur organisation républicaine, ils menaçaient sérieusement l'ordre politique établi. Ce qu'il y a de certain, c'est que, s'ils ne provoquaient pas, ils n'étaient pas fâchés d'être provoqués, de trouver des occasions de courir aux armes et de rompre la paix. Paix précaire, douteuse : elle leur semblait insupportable ; ils espéraient que de la guerre sortirait pour eux un meilleur état. N'oublions pas que, dans leur parti aussi, il y avait des gens puissants, des grands seigneurs, en qui vivait encore l'esprit féodal, qui avaient intérêt à affaiblir de plus en plus la royauté (1). Les protestants, d'après un grand nombre de leurs actes, devaient paraître à un homme tel que Pibrac, à un sage, à un jurisconsulte, capables de tout feindre et de tout oser pour assurer le triomphe de leur cause ; il était bien difficile de faire la part du bon droit et celle de la passion, et celle du sordide intérêt. Un spectateur très intelligent, très calme des événements d'alors, et très bien placé pour les observer, Montaigne n'écrivait-il pas : « l'apperceois, en ces démembrements de la France où nous sommes tombez, chascun se trauailler à deffendre sa cause, mais *iusques aux meilleurs, auecques desguisement et mensonge* (2) ? »

(1) V. note *Etude sur le parti républicain au temps de Henri III.*
(2) *Essais*, liv. III, ch. 9.

S'il y avait dans le parti des huguenots, aussi bien que dans l'autre, des hommes infiniment respectables, les gens artificieux, intéressés, ardents à tout brouiller, n'y manquaient pas non plus. On tenait pour certain parmi les catholiques qu'à tort ou à raison ils cherchaient sans cesse à s'entendre, à s'unir, à se fortifier contre les autorités légitimes qui, fidèles aux anciennes croyances, étaient en même temps au-dessus d'eux et contre eux. Ils se trouvaient rassemblés en assez grand nombre à Paris, à l'occasion du mariage de Henri de Navarre, un de leurs chefs, avec la sœur du roi ; on prétendit qu'ils voulaient profiter de cette occasion et tenter un coup de main pour s'emparer du roi et du gouvernement. Nous le demandons à ceux qui ont vécu à une époque de commotions politiques : est-on jamais sûr d'avoir le dernier et le vrai mot des plus grands événements dont on est le témoin, de ceux même qui sont le plus en lumière ? Pibrac peut fort s'y être trompé et avoir interverti les rôles.

On a supposé qu'il avait voulu, par prudence et par intérêt, faire un acte public de foi catholique, après s'être compromis avec les protestants, au point qu'ils le regardèrent d'abord comme un des leurs, et ensuite comme un apostat (1). Tant il est difficile, en ces temps

(1) « Pendant la fureur des massacres, quelques catholiques et courtisans avaient retiré chez eux plusieurs de la religion, et d'autres qui, pour n'estre point papistes, estoyent en aussi grand danger que lesdicts de la religion : entr'autres Guy du Faur, dit de Pibrac, aduocat du Roy en la cour de Parlement, remarqué pour s'estre formalizé pour la religion, à la fin du règne de Henri II, auec Anne du Bourg et autres, et depuis, pour auoir faict teste au président de Saint-André, et parlé fort hardiment contre iceluy en pleine audience, ne se sentit pas asseuré pendant ces dernières tempestes. Car combien qu'il eust quitté l'exercice de la religion et eust donné son âme à la royne-mère, de laquelle il estoit deuenu créature, si est-ce qu'il pouuoit auoir encore quelques ennemis couuerts au Parlement qui pouuoyent aposter quelques meurtriers et

de fureurs et de troubles, d'être simplement soi-même et de se tenir à égale distance de tous les excès ! Que Pibrac ait eu peur d'être enveloppé dans les proscriptions des réformés, sans partager leurs croyances, tout en leur accordant de très vives sympathies, cela se comprend, et, dans une pareille conduite, il n'y a rien qui puisse être taxé de lâcheté. Qu'il ait saisi l'occasion de faire preuve d'orthodoxie religieuse et de dévouement à la royauté, on peut le plaindre ; mais on n'a pas le droit de suspecter sa bonne foi, et de chercher à cet acte des motifs d'insatiable ambition (1).

Lorsque Catherine de Médicis, craignant pour la candidature de son fils Henri d'Anjou au trône de Pologne, demanda à Pibrac d'expliquer aux Polonais et à l'Europe indignée l'épouvantable carnage commandé ou du moins toléré et encouragé par elle et par le roi, l'éloquent magistrat, le sincère légiste, le vigoureux défenseur des libertés de l'Eglise gallicane était disposé à voir dans cette sanglante exécution une de ces cruelles nécessités que réclame le salut de l'Etat. De plus, les renseignements qu'on lui fournit, les témoignages qu'il recueillit, tout dut le confirmer dans une erreur qui cadrait si bien avec ses idées de complète unité nationale, avec cet

le faire passer auec les autres, comme des catholiques mesmes n'y auoyent pas esté espargnez. Pour cette cause, il se tint caché, voire mesme quitta son logis pour se retirer chez la dame de Nemours, où il fût quelque temps..... » *Mémoires de l'Estat de France*, etc., t. I, f. 448.

(1) Même ouvrage, *ibid.*, f. 448 et verso. « Pour faire telles excuses, Pibrac sembla homme propre, tant parce qu'il *seroit bien aise de se confirmer en la bonne grâce de la royne-mère et des siens*, que ce seroit aussi un moyen de l'aduancer. *Luy, qui est ambitieux jusqu'au bout*, voyant que, pour mettre la main à la plume, il supplantoit ses ennemis et acquéroit la faueur des grands, condescendit aisément et *receut les mémoires qui luy feurent baillez incontinent aprez les massacres*, avec les promesses d'estre aduancé en biens et honneurs. Pendant qu'il s'appreste et dresse son discours, etc. »

idéal politique sans cesse poursuivi par le Parlement de Paris bien plus que par les rois. Aussi le défenseur de cette triste cause cherche tout d'abord à décharger le plus qu'il peut le souverain, en rejetant la plus grande partie des massacres sur les fureurs de la populace. Avant d'attaquer les victimes, — rôle odieux, il le sent, — il proteste de son humanité bien connue, il rappelle les larmes qu'il a versées, l'horreur dont il « demeura comme pasmé, à l'aspect lamentable et calamiteux de ceste florissante ville » de Paris; il s'autorise de son intelligence des affaires et des moyens qu'il avait, grâce à sa charge (1), d'être bien renseigné, pour affirmer que cette affreuse exécution fut *en partie raisonnable et juste;* il atteste que le roi et le Parlement firent tout ce qui dépendait d'eux pour l'enfermer dans les bornes d'une légitime défense. Mais le peuple, qui a une sorte de culte religieux pour son souverain, le crut menacé, et l'on sait que la multitude une fois « effarouchée et soulevée » ne peut aisément être « rangée au train accoustumé de sa vie. » Pibrac adjure donc Stanislas Helvidius, le personnage fictif auquel il s'adresse et qui est censé en Pologne, d'attester publiquement, toutes les fois que s'en présentera l'occassion, cet attachement passionné de la France à ses rois.

Cet exorde insinuant et de tout point conforme aux règles de l'école, renferme toute la substance du discours. L'auteur remonte ensuite à la blessure de l'amiral ; il

(1) Il était alors avocat du roi en cour de Parlement. Il avait été pourvu de cette place en 1565, sur la recommandation expresse de L'Hospital. « On l'y vit pendant dix ans, dit Colletet, soutenir l'autorité du prince et des lois, parler courageusement du devoir des juges et des magistrats, corriger les abus des greffes et des procédures, distinguer les obligations de chaque officier de justice: ce qu'il faisait d'un langage puissant et fleuri, soutenu des plus beaux passages de l'antiquité. »

peint l'étonnement douloureux et la colère du roi à la nouvelle de ce « guet-apens. » Charles IX, accompagné de la reine-mère et de ses frères, va visiter Coligny « et le console fort humainement et doucement ; » il lui promet de faire rechercher et punir les coupables. Cette démarche n'apaise point les protestants ; ils accusent les personnes les plus proches du roi ; ils demandent à grands cris vengeance. Coligny n'est pas moins exaspéré : il laisse voir clairement que le jour des représailles n'est pas loin. Bientôt trois personnes de la religion réformée arrivent successivement, qui dénoncent une conspiration ourdie par les protestants : leurs révélations, dictées par l'horreur que leur inspire le complot, s'accordent en tous points. Il n'y a donc pas à douter, l'Etat est en péril. Que faire ? Le jeune roi assemble son conseil, composé surtout de vieillards, « personnages de très grande expérience. » La reine-mère et les frères du roi y assistent. Le danger semble manifeste ; il faut aviser. Les sages du conseil opinent fortement pour les mesures promptes et rigoureuses ; les princes, Catherine même, le roi surtout veulent suivre les voies ordinaires de la justice, et c'est à grand'peine qu'on arrache à Charles IX l'ordre qu'il retire jusqu'à trois fois, de procéder violemment à l'exécution des coupables. Le nombre en devait être fort restreint ; il était expressément enjoint de ne frapper que ceux dont le nom figurait sur une liste écrite sous les yeux du roi et de son conseil. Le peuple ne devait nullement être mêlé à cette affaire. C'est par hasard qu'une exécution sommaire, un acte rigoureux, mais nécessaire, de la justice royale prit le caractère d'un tumulte populaire, avec tous ses excès, avec toutes ses aveugles fureurs. Le Roi, au lieu d'ordonner les massacres à Paris et dans les provinces, fit tout son possible pour les prévenir ou les arrêter. Pibrac insiste avec force sur cette considération, dans l'intention évidente d'éloigner du trône la haine et le mépris.

L'apologiste du roi et des princes ne dit pas un mot des Guises : il s'applique à écarter le chef de préméditation et à établir le cas de légitime défense ; voilà tout son discours. Il fait surtout le procès, le procès en règle à l'amiral, et l'on souffre de le voir s'acharner si longtemps sur cette noble victime. Quelque adresse qu'il mette d'ailleurs dans son plaidoyer, il n'est pas difficile d'en reconnaître, à première vue, les côtés faibles. Dans deux réponses entre autres qui furent faites à la *Lettre à Helvidius*, l'une par le catholique P. Burin, l'autre probablement par Joachim Camerarius sous le pseudonyme de Stanislas Helvidius (1), on relève vigoureusement les oublis, les erreurs et les contradictions du défenseur de Charles IX et des princes. D'abord, les protestants se trouvaient à Paris en petit nombre par rapport aux catholiques (pas un contre six mille). Ils y étaient venus « aux noces royales avec le velours, non pas à l'effusion du sang auec appareil d'armes. » « Ils s'estoyent, sous la foy du Roy, commis et exposez à la gueule de leurs en-

(1) Elles se trouvent dans le même volume des *Mémoires sur l'Estat de France*, etc., que nous avons cité plusieurs fois, p. 621 et 636. De Thou, t. VI, p. 454, donne Joach. Camérarius père pour l'auteur de la réponse faite à Pibrac sous le nom même du personnage fictif, Helvidius, à qui il était censé avoir adressé sa *Lettre*. Le savant Camérarius de Bamberg était protestant. Sa réponse est datée de Villefranche (?), 13 avril 1573. Voici ce qu'en dit le rédacteur des *Mémoires de l'Estat de France*, etc., f. 635, verso : « Pendant que Burin respondoit en France à Pibrac, vn homme docte, sous le nom de Stanislaus Elvidius, escrivit en latin vne autre response, en laquelle il espluche soigneusement l'épistre de Pibrac. On estimait communément que c'estoit vn personnage aleman, maintenant décédé (Camerarius mourut en 1574), assez proche de Pologne... Autres disent que ce fut vn François réfugié en Allemagne ou en Suisse, et nommoit-on diuers autheurs. »

nemis. » L'apologiste avoue que Coligny fut blessé dans un guet-à-pens : quelle recherche a-t-on faite des auteurs de ce crime ? Le complot a été révélé par trois délateurs. Que ne les nomme-t-on ? Que ne les a-t-on confrontés avec les accusés ? Puisqu'on a différé jusqu'au lendemain l'exécution en masse et sans jugement des prétendus conspirateurs, le péril n'était donc pas si pressant ? Que ne les a-t-on fait arrêter pendant la nuit, pour instruire ensuite leur procès selon les formes ordinaires de la justice ?

Nous n'insistons pas davantage sur ces réponses parfois éloquentes, mais trop faciles, à l'apologie du massacre. Elles n'omettent aucune considération importante, et de tout l'appareil d'arguments disposé par Pibrac avec tant d'habileté, elles ne laissent subsister que la raison d'Etat, *salus populi*, qu'il avait invoquée lui-même, en cherchant un exemple dans le décret du Sénat romain, rendu sur la proposition de Cicéron et autorisant le consul à procéder sans jugement à l'exécution capitale des complices de Catilina. Encore les situations n'étaient-elles pas identiques : à Rome, il y avait eu des débats publics en plein Sénat, et le complot avait été mis en lumière par le consul et avoué par son principal auteur.

Voilà quel fut au vrai cet épisode de la vie de Pibrac, dont on n'a guère fait moins de bruit que de ses relations avec Marguerite de Valois. Certes, aux yeux de l'homme de bien, du philosophe, il vaudrait bien mieux que le grave magistrat eut pris une toute autre part à l'un des faits les plus abominables de notre histoire religieuse et politique ; mais, nous le répétons, pour bien juger la conduite des hommes dans des temps si troublés, il faut, autant que possible, se mettre à leur place ; il faut, par une étude attentive et impartiale, rechercher le point de vue duquel ils ont dû considérer les personnes et les événements. Aujourd'hui, lorsque, avec notre esprit de tolérance religieuse, nous examinons ces grandes tragédies, nous sommes pris d'une pitié profonde, d'une vive sympathie pour les victimes d'une politique sans cœur ; nous en admirons avec franchise et en connaissance de cause quelques-unes, particulièrement l'héroïque et touchante figure de Coligny. Mais, pour le plus grand nombre des catholiques contemporains, l'amiral était bien tel que le représente Pibrac, un chef de rebelles. Il avait traité la France en pays ennemi ; il y avait appelé plusieurs fois l'étranger ; il s'était, lui et les siens, principalement acharné sur ce que les peuples respectent le plus, sur les autels et les tombeaux. Il était comme un second roi en France, avec son gouvernement organisé, ses armées, ses finances, etc. (1). Voilà ce qui devait frapper mille bons esprits très droits, très calmes, nullement sanguinaires. Voilà aussi les arguments que développe surtout l'apologiste officiel du grand massacre.

Apologiste officiel, ai-je dit ; c'est bien le mot ; j'aurais pu dire avocat. Pibrac en joue ici pleinement le rôle, mais avec honnêteté, je crois : car je demande seulement pour son honneur qu'on ne doute pas de sa bonne foi. Mais, dira-t-on, pourquoi se charger d'une cause odieuse ? Dans les idées du temps, elle l'était moins qu'aujourd'hui. Certes, à Dieu ne plaise que je me fasse le défenseur de la raison d'Etat. A la politique sans pitié d'un Machiavel ou d'un Philippe II, je préfère celle du peuple, qui, avec son grand cœur, se met toujours du côté des victimes

(1) V. la *Lettre à Helvidius* et les réponses. Les contradicteurs de Pibrac n'ont guère combattu ces dernières assertions.

contre les bourreaux, lors même qu'on lui démontre que les victimes étaient coupables et pouvaient conduire la nation à sa perte. Jamais la conscience publique, l'âme de tout le monde, cette âme vraiment sainte, vraiment incorruptible, ne pardonnera à Sénèque l'apologie de Néron, meurtrier de sa mère, quelque danger que fît courir à l'empire l'ambition d'Agrippine ; jamais non plus, je le crains bien, on ne parviendra à laver complétement la mémoire du moraliste Pibrac de la tache qu'y a imprimée la *Lettre à Helvidius.* J'ai voulu seulement plaider en faveur de l'auteur des *Quatrains*, de ces nobles sentences morales que nous avons tant admirées, les circonstances atténuantes : la lassitude du désordre, l'horreur des troubles civils, une sorte d'irritation contre ceux qui sans cesse les renouvelaient ; les préjugés d'éducation et d'état; une forme du patriotisme, dont nous n'avons pas le droit de nous moquer, qui confondait dans un même sentiment la nation et la royauté. Il pensa si bien avoir fait son devoir qu'il se retira, la conscience tranquille, dans son pays natal, où, tout occupé de ses champs et de ses jardins, il employa ses « honnestes loisirs » à chanter les soins du labourage et le bonheur de la vie champêtre. Ce n'est pas là, croyons-nous, la marque d'une âme dévorée d'ambition, et tourmentée par le remords d'avoir fait, pour la contenter, un acte de servile complaisance. Pibrac fit œuvre de légiste convaincu, et il crut rendre service à l'Etat. Outre que la royauté lui sembla sans doute être dans son droit, et, pour ainsi dire, avoir agi dans le cas de légitime défense, il se dit assurément aussi qu'il y avait là un grand intérêt à garder, le prestige de la couronne. Le troisième jour des massacres, le roi était allé de sa personne au Parlement, expliquer par les mêmes raisons ces sanglantes mesures. Pouvait-on abandonner la royauté à elle-même en ces circonstances critiques? Pibrac pensa qu'il fallait la soutenir, la sauver. C'est là en effet la pensée dominante de presque tous les jurisconsultes de ce siècle : consolider l'édifice, améliorer ce qui existe, et peu à peu, d'une main ferme mais délicate, « si quelque pièce se desmanche, dit Montaigne, l'estayer. » « Car, ajoute-t-il, d'entreprendre à refondre vne si grande masse et à changer les fondements d'vn si grand bastiment, c'est à faire à ceulx qui pour descrasser effacent, qui veulent amender les défaults des particuliers par vne confusion vniuerselle et guarir les maladies par la mort (1). »

Pibrac a donc fait, selon nous, œuvre de juriste, œuvre malheureuse, mais consciencieuse, patriotique à sa manière, quoique infiniment regrettable. Pour la juger avec quelque indulgence, que l'on compare la *Lettre à Helvidius* avec d'autres apologies du même fait écrites à la même époque, et, par exemple avec le XXIIIe discours d'Ant. Muret, prononcé le 23 décembre 1572, à Rome, devant le pape, par ce français, prêtre, jurisconsulte lui aussi, et citoyen romain. C'est un éloge enthousiaste de la Saint-Barthélemy, c'est un chant de triomphe, un furieux dithyrambe. On ne peut encore aujourd'hui lire sans frissonner ces belles périodes latines, harmonieuses, cadencées et qui semblent écrites avec du sang, ces exclamations d'une joie d'autant plus odieuse que l'expression en est plus élégante et polie. Le rhéteur va jusqu'à jouer avec ces cadavres que les fleuves *portaient aux mers épouvantées*. (Volt., *Henriade*) :

(1) *Essais*, III, ch. 9.

« O nuit mémorable, s'écrie-t-il, et qui, dans l'histoire, doit être marquée d'un signe d'honneur! par la mort de *quelques* séditieux (1), elle a délivré d'un péril imminent le roi près d'être égorgé, et le royaume, de guerres civiles sans cesse renaissantes. En cette nuit, les étoiles ont brillé, je pense, d'une plus vive lumière ; la Seine a dû grossir ses ondes pour charrier plus vite ces cadavres impurs et en rejeter dans l'Océan l'immonde fardeau. O femme heureuse entre toutes, Catherine, la noble mère du roi, qui, après avoir, durant tant d'années, avec une prudence admirable et une égale sollicitude, conservé le royaume à son fils et son fils au royaume, a vu enfin, libre de soucis, son fils affermi sur le trône !... O princes heureux, les frères du roi! etc.

« O jour enfin, jour plein de joie et d'allégresse, où, quand te fut apportée cette grande nouvelle, bienheureux père, voulant rendre grâces à Dieu immortel, et à saint Louis, dont cet événement fortuné avait précédé la fête, tu allas à pied prendre part aux prières publiques que tu avais ordonnées! Quelle plus désirable nouvelle pouvait t'être apportée! Que pouvions-nous souhaiter de plus heureux pour inaugurer ton pontificat, que de voir, dès les premiers mois, se dissiper, comme au soleil levant, ces affreuses ténèbres, etc. (2)!... »

Arrêtons-nous là, en demandant qu'on nous permette de rappeler les larmes de Pibrac, le sentiment d'horreur qu'il éprouva à la vue de Paris ensanglanté, et surtout son vœu patriotique pour que Dieu donne au roi « la force et le pouvoir

De ranger par douceur ses sujets au devoir. »

(1) *Paucorum seditiosorum* interitu.

(2) M. Ant. Mureti Presbyteri, J. C. et Civis Romani Orationes XXV. Parisiis, 1578, in-16.

En étudiant avec un soin minutieux la vie et les œuvres de Pibrac, on reconnaît qu'il n'y a rien à changer aux jugements qu'en ont portés les plus sévères de ses contemporains. Est. Pasquier, dans une lettre à Ant. Loysel (1), l'appelle « une des lumières » de son siècle. Guillaume du Vair, qui l'avait beaucoup connu et qui mieux que personne était à même de l'apprécier, lui rend ce glorieux témoignage : « Comme ie vins au Palais, le plus estimé estoit M. de Pibrac, lors aduocat du Roy, lequel en sortit aussitost pour aller en Pologne. De façon que ie ne vis point ces grandes et célèbres actions qui luy ont acquis tant de réputation. Ie l'ay depuis veu en public et en particulier, en beaucoup d'affaires : i'ay soigneusement leu tout ce que i'ay peu recouurer de luy. Certes, ce grand esprit, bien nourri ès bonnes lettres, plein de iugement aux affaires, doué d'une grande grâce naturelle, et qui s'estoit fort estudié en cest art (l'éloquence), m'a toujours semblé celuy à qui estoit deu le premier rang d'honneur en nostre siècle... » « L'épistre adressée à Helvidius est merveilleusement belle et artificieuse; mais elle a esté escrite en latin. Son Apologie, qui n'a point esté publiée (2), et a passé par peu de

(1) Liv. VII, lettre 12, sur l'abus des citations. — G. Du Vair lui reproche le même excès au sujet des deux *actions* de lui, les seules qu'il ait vues imprimées. « Elles sont escrites, dit-il, en vn langage *si entrelacé de diuers passages et diuerses allégations*; elles sont dauantage si plates pour les mouuements et sentences, que si ce n'estoit que ie luy ay veu regretter qu'elles feussent eu lumière, elles me diminueroyent l'opinion que i'ay de son mérite. » *De l'Eloge franç.*, etc. Œuvres, édit. de Genève, in-8°, M.DC.XXI, p. 335-336.

(2) Nous n'avons, comme je l'ai déjà dit, que la lettre par laquelle il répondit presque immédiatement aux accusations de la reine. Cette lettre, publiée d'abord dans le *Recueil de plusieurs pièces des sieurs de Pibrac, d'Espeisser et de Bellièvres*, Paris, 1635, in-8°, a été insérée plus tard dans le tome II des *Mémoires* de d'Artigny, Paris, de Bure, 1749, in-12. Enfin, M. Caboche en a donné des fragments dans son édition des *Mémoires de Marguerite de Valois*, Paris, Charpentier, 1860.

mains, est à mon gré fort pure et élabourée, et la iugerois volontiers parfaite au style dont elle a esté escrite, car pour moy ie n'ay iamais rien veu de mieux. Toutes fois cela me demeure tousiours à redire en luy qu'il n'estoit pas capable d'une haute et pleine éloquence, sa douce et gracieuse humeur ne pouuoit conceuoir des passions fortes et courageuses et telles qu'il les faut pour animer vne parfaite oraison (1). »

Cette page de du Vair dit tout sur Pibrac considéré comme orateur et comme écrivain : l'opinion qu'elle exprime sur ses discours n'est pas moins juste si on l'applique à ses *Quatrains moraux* et aux *Plaisirs de la Vie rustique*.

Un des plus vaillants adversaires que suscita à Pibrac son apologie de la Saint-Barthélemy, le catholique Pierre Burin, lui reproche « d'estre des *Politiques*, disans que, leur corps estant à la messe de leur gré et volonté, néantmoins leur âme est ailleurs ; se dispensans de dire au plus loin de leur pensée tout ce qui sert à leur aduancement, desirans à ceux qu'on appelle huguenots la victoire sur nous sans sueur et sans sang. Au demeurant, en la doctrine de la Religion accordans de tous points avec eux, mais pour le bien du repos qu'ils aiment surtout, viuant comme nous; et en cest artifice constituans vn grand fondement de leur excellence par dessus l'un et l'autre party. Quand ils sont ensemble, ils s'applaudissent ; mais quand ils sont à part et débatent avec leur conscience, ils sentent de terribles assaux, et néantmoins quand ils reuiennent en public, et se voyent enuironnez des honneurs de Cour, ils oublient ou dissimulent les pointures de leurs consciences, et poursuiuent tousiours

(1) *Traité de l'Eloge franç.*, Œuvres, p. 335-336.

leur train. En ceste secte, nostre épistolier n'est pas le moindre ni en autorité, ni en art de rhétorique, comme son épistre monstre... (1). »

Voilà un jugement rigoureux sur les *Politiques* et sur Pibrac en particulier : il est facile d'y reconnaître de l'exagération, sinon de la mauvaise foi. Le rôle de ceux qu'on appelait dès lors des *Politiques* devait être mal compris; il prêtait le flanc aux attaques de la calomnie. Dans les temps de violence, on ne tient pour honnêtes et fermes que les hommes violents qui courent aux partis extrêmes. Les autres sont des « finets, » comme disaient les fougueux ligueurs, qui ne songent « qu'à se conseruer sans aucun hazard, taschans de plaire à tous les deux costez (2). »

Cette politique de conciliation avait été celle du chancelier L'Hospital : elle ne lui réussit guère ; « il fut incontinent emporté du torrent, et donna vn signalé exemple aux autres qu'il falloit rompre ou ployer (3). » Son disciple, son ami, l'éditeur de ses poésies latines, Pibrac, éclectique aussi en matière de gouvernement, comme il l'était en philosophie, ne pouvait échapper aux attaques des partis violents ; « aux dentées de la détraction, » selon l'énergique expression d'un contemporain (4). Mais les événements finissent toujours par justifier l'axiome *in medio virtus*, et, les esprits une fois

(1) *Mémoires sur l'Estat de France*, etc., p. 622.

(2) V. notre Etude sur Guill. du Vair, chap. II, p. 22 et suiv. — Cf. Sapey, *Etudes biographiques*, p. 468, et les manuscrits de du Puy, t. III, à la Bibliothèque impériale. — M. Sapey s'est servi des manuscrits Conrart, de la bibliothèque de l'Arsenal, pour la lettre de Villeroy et la réponse de du Vair. Il y a des variantes assez importantes ; le texte de du Puy me semble le plus authentique ; dans celui de Conrart le style a, je crois, été un peu rajeuni.

(3) Manuscrits du Puy, *ibid.* M. Sapey, *ibid.*, p. 464. Ces paroles sont de du Vair : Lettre à M. de Villeroy.

(4) V. notre Etude sur du Vair, p. 25.

apaisés, on avoue que l'équité, le bon sens, la vraie force sont loin de toute extrémité. Aussi, un des témoins les plus éclairés et les plus fidèles de cette époque s difficile à juger, l'historien de Thou n'a-t-il pas craint de dire de Pibrac :

« C'était un homme d'une probité incorruptible et d'une piété sincère : il avait un véritable zèle pour le bien public, le cœur élevé, l'âme généreuse, une extrême aversion pour l'avarice, beaucoup de douceur et d'agrément dans l'esprit (1). »

De tous les jugements portés sur cet homme remarquable, il nous semble résulter qu'il était digne de figurer dans cette vaillante phalange de légistes si nombreux au XVIe siècle, interprètes de la loi qui voulaient être réellement les hommes de la loi, en montrant sans cesse en eux une vivante image de la loi. Pibrac apparut aux meilleurs de ses contemporains comme un modèle de vertu et d'honneur sans tache : ils se plaisaient à voir en lui l'*homme juste* d'Horace, que rien n'ébranle ni ne trouble, et que les ruines du monde pourraient écraser sans lui faire peur. On remarqua même que la foudre ayant frappé la nourrice qui le tenait tout petit entre ses bras, il ne montra nul effroi, comme s'il eût voulu prouver dès lors qu'il traverserait toutes les tempêtes sans rien perdre de sa force et de sa sérénité. Pour nous, Pibrac est, dans toute la force du mot, un honnête homme, et ses *Quatrains* peuvent être regardés comme la règle de sa conduite et le résumé de sa vie.

(1) *Mémoires*, p. 322.

www.ingramcontent.com/pod-product-compliance
Lightning Source LLC
LaVergne TN
LVHW010039230826
846091LV00005B/1785

* 9 7 8 2 0 1 2 9 8 4 7 9 0 *